서울대학교 규장각한국학연구원 한국학모노그래프 47

몽골제국과 고려

쿠빌라이 정권의 탄생과 고려의 정치적 위상

김 호 동

서울대학교출판문화원

The Mongol Empire and Korea

The Rise of Qubilai and the Political Status of the Koryŏ Dynasty

Hodong Kim

Seoul National University Press

머리말

칭기스 칸이 몽골초원의 유목민들을 통합하고 국가를 건설한 해는 1206년이었다. 그로부터 10여 년이 지나서 이들 기마군단의 선봉대가 한반도에 처음으로 모습을 드러냈지만 대대적인 침공이 시작된 것은 1231년부터였다. 그 뒤 30년 동안 고려 조정은 강화도로 피신해 있었고 한반도 거의 모든 지역은 무방비 상태로 몽골의 말발굽에 사정없이 유린되었다. 이 같은 전쟁 상태는 1260년 쿠빌라이의 즉위와 여몽(麗蒙) 양국의 화의로 종결되었지만, 이제 고려는 몽골제국에 정치적으로 종속하게 되었고 그로부터 1세기 동안, 몽골의 중국지배가 끝날 때까지 양측 관계의 기본적인 틀은 바뀌지 않았다. 그동안 몽골제국은 단지 고려와 외교적인 관계를 맺고 있는 국경 너머의 한 나라가 아니라, 고려 내부의 지배층과 통치구조 및 행정제도의 변화에까지도 깊은 영향을 미치는 강력하고 긴요한 세력이었던 것이다.

몽골제국에 대한 이해는 고려 후기의 대외관계사뿐만 아니라 내적인 역사전개를 이해하는 데에 있어서도 결정적인 중요성을 갖고 있다고 할 수 있다. 그런 의미에서 최근 우리 학계가 몽골제국 자체에 대한 깊은 이해를 바탕으로 몽골이라는 요인이 고려사의 내적 구조에 어떤 굴절을 가져다주었는가를 밝히려는 연구성과들을 내놓고 있음은 매우 고무적인 현상이다. 이러한 노력들은 과거 대외항쟁사나 한중관계사라는 틀 속에서 고려와 몽골의 관계를 바라보던 한계를 넘어서서, 동아시아뿐만 아니라 세계를 지배했던 몽골의 시대에 고려의 정치적 위상을 보다 명확하게 이해하는 데에 도움을 주리라고 생각한다.

필자도 그러한 노력의 일환으로 이 글을 집필하였지만, 사실 문제의식의 출발점은 고려라기보다는 몽골 쪽에서 시작되었다. 그것은 물론 필자의 전공분야가 한국사가 아니라 내륙아시아사이기 때문이지만, 무엇보다도 몽원제국사에서 하나의 중요한 분기점을 이루는 1260년 쿠빌라이의 집권에 대한 기존의 시각에 선뜻 동의할 수 없는 부분들이 느껴졌기 때문이다. 그래서 쿠빌라이의 집권이 갖는 역사적 의미를 재평가해보자는 목적에서 이 글이 시작된 것이었다. 그런데 고려와 몽골의 관계에 일대 전환이 일어나 1세기에 걸친 여몽관계의 기틀이 놓이게 된 것도 쿠빌라이 집권 초기였기 때문에, 쿠빌라이 집권 이후 새롭게 형성된 몽골제국의 구조가 고려의 정치적 위상의 정착에 어떠한 영향을 주었는가를 살펴보는 것도 흥미로운 주제가 되지 않겠나 하는 생각을 하게 되었다. 따라서 이 글의 주(主)는 쿠빌라이의 집권에 대한 재평가이고, 부(副)는 그와 관련된 고려의 정치적 위상에 대한 검토라고 할 수 있다.

그러나 이 글이 원래 의도했던 목표를 충분히 성취했다고 생각하지는 않는다. 여몽관계에서 필자가 중요한 문제로 다루고 있는 고려의 정치적 '이중성', 즉 '국왕'으로서의 독자성과 '부마'로서의 종속성에 대해서 나름대로 쿠빌라이 시대의 몽골제국의 변화와 관련시켜 설명하려고 시도는 했지만 결코 만족스럽지 못하다. 더구나 내륙아시아 전공자의 입장에서 고려의 정치적 위상을 몽골 측에서 접근하면서 이해하려고 하다 보니, 한국사 연구자들에게는 고려의 입장을 지나치게 소홀히 하는 것이 아니냐는 비판을 들을 소지도 다분한 듯하다. 물론 필자가 고려 쪽을 소홀히 보는 것은 아니고, 다만 연구의 보완적 측면을 감안하여 몽골 쪽을 주로 본 것이다.

아무튼 '쿠빌라이 정권의 탄생과 고려의 정치적 위상'이라는 제목도 감당하기 힘든 빈약한 내용인데, 조그만 단행본으로 출판되다 보니 책제목으로 어울리는 '몽골제국과 고려'로 단순화시키게 되었다. 그런데 돌이켜 보니 단순하게 한 것이 아니라 오히려 거창하게 만든 것 같아서 매우 민망스러운 느낌을 감출 수 없다. 독자들의 넓은 이해를 구할 뿐이다.

이 책은 서울대학교 한국학 장기기초 연구비 지원에 의해 써졌음을 밝혀 둔다.

마지막으로 초고를 읽고 귀한 도움말을 주신 노명호 교수와 이익주 교수 두 분께 감사의 말을 드리고 싶다. 몽골사를 하는 사람이 여몽관계에 대해서도 좀 써야 한국사를 연구하는 사람들이 도움을 받지 않겠느냐는 충고를 곧이곧대로 믿고 이 글을 쓴 우를 범했지만, 본문 가운데 잘못된 부분이 있다면 물론 필자의 책임임을 밝혀둔다. 또한 원고를 꼼꼼하게 읽고 교정해 주신 서울대학교출판부의 편집자에게도 감사를 드린다.

2007년 4월 7일 필자

차 례

I. 서론

쿠빌라이의 집권이 지닌 역사적 의의에 대해서 이제까지 학계에서는 '몽골제국의 분열'과 '원조의 성립'의 기점으로서 몽골제국사에서 하나의 중대한 전환점을 이룬다는 인식을 갖고 있다.[1] 즉 쿠빌라이의 친형이자 제4대 카안이었던 뭉케가 남송에 대한 친정을 감행하던 도중 1259년 여름 사천성 조어산(釣魚山)에서 갑작스럽게 사망하자 대권을 둘러싼 치열한 계승분쟁이 벌어지게 되었고, 쿠빌라이는 몽골 초원에 머물며 카안의 직무를 대행하고 있던 동생 아릭 부케와 대치하게 되었던 것이다. 이 전쟁에서 쿠빌라이는 북중국과 내몽골 방면을 자신의 근거지로 삼을 수밖에 없었고, 그가 동생 아릭 부케를 꺾고 집권에 성

1. 이러한 관점은 학계의 지배적인 견해이기 때문에 그 예를 일일이 든다는 것 자체가 무의미할지도 모르기 때문에, 단지 몇몇 중요한 외국의 연구들을 들어본다면 다음과 같다. 韓儒林 主編, 『元朝史』 上(北京: 人民出版社, 1986), pp. 254-65; 周良霄・顧菊英, 『元代史』(上海: 人民出版社, 1993), pp. 258-85; 村上正二, 「モンゴル帝國の成立と分裂」, 『モンゴル帝國史研究』(東京: 風間書房, 1993), pp. 299-300; 愛宕松男, 「元の中國支配と漢民族社會」, 『東洋史學論集』 第4卷(東京: 三一書房, 1988), pp. 134-40; J. D. Langlois Jr. ed., "Introduction," *China under the Mongol Rule* (Princeton: Princeton University Press, 1981), pp. 3-7; H. Franke & D. Twitchett ed., *The Cambridge History of China*, vol. 6 [Alien regimes and border states, 907-1368] (Cambridge: Cambridge University Press, 1994), pp. 422-29, 454-57, 616-18.

공하자 그곳은 제국의 새로운 중심지가 되었다. 그리고 그곳은 몽골 초원에서 멀리 떨어져 중국의 농경문화의 심장부에 가까운 곳이었기 때문에, 제국의 성격도 초원 한가운데인 카라코룸을 수도로 운영해왔던 이제까지의 방식과는 달리 변질될 수밖에 없었다. 그는 초원 중심의 유목적 방식과는 다른 농경사회인 중국식 제도를 채용하고 한인 관료들을 대거 등용함으로써 그의 새로운 제국 체제를 공고히 하려고 했으니, 학자들은 이를 두고 중원왕조 곧 '원조'의 시작이며 그를 일컬어 '원조'의 창건자라고 부르게 된 것이다. 뿐만 아니라 이 같은 '원조의 성립'과 함께 '몽골제국의 분열'이 동시병행적으로 일어났다고 보고 있다. 왜냐하면 쿠빌라이와 아릭 부케 사이에 벌어진 치열한 계승분쟁으로 말미암아 킵차크 초원·중앙아시아·서아시아 등지에 주둔하고 있던 칭기스 칸의 일족인 제왕(諸王)들 및 그들의 관할하에 있던 인민 즉 '울루스'(ulus)에 대한 대칸의 통제력이 약화되고, 이로써 제국은 과거와 같은 통합력을 상실하게 되었으며, 결국 서방의 여러 울루스들은 실제로 독립적인 왕국으로 발전하게 되었기 때문이라는 것이다.

그동안 학자들은 쿠빌라이의 집권 및 통치기간과 관련하여 이러한 역사적 의미에 주목하면서, 그 개인은 물론 그의 통치기간 중에 시행된 다양한 제도들과 여러 사건들에 대해서 많은 연구를 내놓았다.[2] 그러나 이러한 연구들은 그 다대한 기여에도 불구하고 그의 집권을 '원조의 탄생'이라는 정형화된 관점에서 출발하고 있기 때문에 사실의 해석에 무리를 가하고 궁극적으로는 몽원(蒙元) 제국사의 올바른 이해를 저해하는 결과를 가져오고 있다. 예를 들어 아직도 적지 않은 사람들

2. 그의 전기만 꼽아보아도 愛宕松男, 『忽必烈汗』(東京: 富山房, 1941); 勝藤猛, 『フビライ汗』(東京: 中央公論社, 2000; 原刊 1966); Morris Rossabi, *Khubilai Khan: His Life and Times* (Berkeley: University of California Press, 1988); 周良霄, 『忽必烈』(吉林: 教育出版社, 1986); 楊建新·馬曼麗, 『成吉思汗忽必烈評傳』(南京: 南京大學出版社, 2002); 李治安, 『忽必烈汗』(北京: 人民出版社, 2004); 耿相新, 『忽必烈』(北京: 學苑出版社, 1997) 등이 있다.

이 쿠빌라이와 아릭 부케 사이에 벌어졌던 계승분쟁의 성격에 대해서, 농경사회(漢地)의 중요성을 인식하여 제국의 기본적인 틀을 농경적·중국적인 성격으로 전환하고자 했던 정주파·혁신파와, 초원세계를 고수하는 몽골귀족을 대표하며 초원적 전통을 고집했던 유목파·보수파 사이의 충돌로 간주하거나,[3] 앞서 지적했던 것처럼 쿠빌라이 정권의 성립에 대해서는 칭기스 칸에 의해 건설되고 우구데이·구육·뭉케를 거치며 더욱 확장되었던 몽골 유목제국이 분열되면서 중국을 중심으로 하는 전통적인 왕조체제로의 전환을 의미하는 것이라고 이해하고 있다. 이러한 관점에서 문제에 접근한 결과 아릭 부케 사이의 대결에서 쿠빌라이가 승리한 요인으로 중국의 막대한 인적·물적인 지원이 크게 강조되었고,[4] 쿠빌라이 시대에 취해진 여러 가지 제도개혁과 정책들 가운데 중국적인 요소들이 주목을 받게 된 것이다. 그 결과 쿠빌라이 정권 즉 '원조'와 서방의 다른 삼왕가(三王家)와의 차별성·단절성은 당연한 것으로 여겨졌고, 몽골제국 전체에 대한 통합적인 연구는 사실상 어렵게 되고 말았다.

필자는 쿠빌라이 정권의 성립이 '제국의 분열'과 '원조의 단생'을 가져왔다고 보는 기왕의 이러한 관점이 과연 13세기 후반의 역사적 현실을 얼마나 올바로 반영하고 있는 것인지에 대해 재고할 필요가 있다고 생각하며, 이러한 필자의 견해는 '대원(大元)'이 중국의 몽골인 정권인 '원조'를 지칭하는 것이 아니라 실은 '대몽골 울루스'의 한자식 명칭임을 입증한 논문에서도 표방된 바 있다.[5] 그러나 필자의 주장이

---

3. 田村實造, 「アリクブカの亂と海都の叛亂」, 『征服王朝史の硏究』 中(京都: 東洋史硏究會, 1971), pp. 465-69; 陳得芝·王頲, 「忽必烈與蒙哥的一場鬪爭: 試論阿蘭答兒鈎考的前因後果」, 『元史論叢』 第1輯(元史硏究會 編, 北京: 中華書局, 1982), pp. 47-56; 孟繁淸, 「試論忽必烈與阿里不哥之爭」, 『元史論叢』 第2輯(元史硏究會 編, 北京: 中華書局, 1983), pp. 167-74.
4. John Dardess, "From Mongol Empire to Yuan Dynasty", *Monumenta Serica*, vol. 30 (1972-73).
5. 拙稿, 「몽골제국과 '대원'」, 『역사학보』 제192집(2006), pp. 221-51.

보다 설득력을 갖기 위해서는 쿠빌라이의 집권 과정, 즉 아릭 부케와의 계승분쟁을 통해서 그가 승자의 지위를 점하게 되는 구체적인 과정을 면밀하게 분석함으로써, 그의 집권이 몽골제국사상 과연 어떠한 의미를 지녔는가 하는 점을 냉정하게 다시 생각해 볼 필요가 있다. 즉 두 사람은 계승분쟁에서 어떠한 상황에 처해 있었고 누가 그들을 지지했으며, 쿠빌라이가 승리한 원인은 무엇이었는가 하는 문제들이 먼저 밝혀져야 할 것이다. 그리고 나서 쿠빌라이의 집권은 몽골제국의 구조에 과연 어떠한 변화를 초래했으며, 그 변화의 결과가 정말로 우리가 당연시 여기는 '사칸국(四汗國)' 즉 원조, 차가타이 칸국, 일 칸국, 킵차크 칸국이 분열・정립하는 체제의 탄생이었는지에 대해서 검토해야 할 것이다. 이 글이 지향하는 목적의 하나는 이러한 의문들에 대한 대답을 구하는 데에 있다.

본고가 노리는 또 하나의 목적은 쿠빌라이의 집권이 고려의 명운에 어떠한 영향을 주었는가를 살펴보는 데에 있다. 즉 고려가 몽골에 대한 오랜 항전을 끝내고 복속하기로 결정한 것이 1259-60년 즉 쿠빌라이와 아릭 부케 사이의 계승분쟁이 막 벌어지기 시작한 시점이었고, 아직 대칸으로서의 지위가 확고하게 정해지지 않은 상황에서 고려의 자발적 투항이라는 사건은 쿠빌라이에게 계승분쟁에서 명분의 확보에 큰 힘이 되었기 때문에, 후일 집권에 성공한 쿠빌라이와 고려 조정은 지난 30년간의 전쟁이 가져온 오랜 적대관계를 청산하고 새로운 형식의 평화관계로 전환시키는 일대 전기를 마련할 수 있었다. 이후 고려와 몽골 사이에 맺어진 긴밀한 관계는 왕실간 혼인을 통해서 고려의 국왕이 황실의 부마가 됨으로써 더욱 공고해졌다. 양국의 이 같은 외교관계의 발전에 대해서는 국내 학계에서도 적지 않은 연구들이 우리의 지견을 넓힌 것은 사실이지만,[6] 고려의 정치적 위상의 문제를 쿠빌

---

6. 상세한 내용은 張東翼의 『高麗後期外交史研究』(一潮閣, 1994)와 李益柱의 『高麗・

라이의 집권이 가져온 몽골제국의 구조적 변화와 연동시켜서 이해하려는 시도는 없는 듯하다.

물론 쿠빌라이 이후 형성된 몽골제국의 새로운 체제 속에서 고려의 정치적 위상이 어떻게 정립되어 갔는가 하는 의문에 대한 해답은 군사·외교·관제 등 다방면에 걸친 분석을 통해서만 얻어질 수 있는 것이겠지만, 본고에서는 먼저 고려의 정치적 위상을 상징하는 존재인 국왕의 지위를 어떻게 이해할 것인가 하는 문제에 대해서 검토해 보고자 한다. 이 문제를 이해하기가 용이하지 않은 것은 몽골의 정치·외교적 관념이 중국의 전형적인 왕조들과는 달랐기 때문이다. 예를 들어 고려가 몽골에 정치적으로 복속하게 되면서 조공관계를 맺게 되었음에도 불구하고, 국왕은 부마의 자격으로 황위계승과 같이 제국의 가장 민감한 내정에 간여했던 경우를 볼 수 있다.[7] 이렇게 볼 때 몽골제국과 고려의 관계는 과거 동아시아 국제관계의 기본틀인 책봉질서만으로 이해하기도 어렵고, 그렇다고 몽골제국 초기에 외교관계의 토대를 이루었던 유목적인 친족질서라는 관점으로만 이해되기도 어려운 측면을 동시에 내포하고 있는 것이다. 따라서 고려국왕, 나아가 그를 통해 표상되는 고려의 정치적 위상은 이중적이며 특이한 성격을 지니고 있다고 할 수 있다. 즉 고려국왕은 비록 복속되긴 했지만 하나의 독자적인 국가의 군주라는 점에서, 몽골제국과 주종관계를 맺으며 그 외곽에 존

元關係의 構造와 高麗後期 政治體制』(서울대학교 박사학위논문, 1996) 권말에 첨부된 문헌목록을 참조.

7. 高柄翊, 「高麗忠宣王의 元武宗 擁立」, 『東亞交涉史의 硏究』(서울대학교출판부, 1970). 물론 중국의 역사상 중원왕조의 황실이 주변국의 군주와 혼인관계를 맺는 경우가 있었지만 그 같은 혼인관계는 양국간의 관계를 긴밀히 하기 위한 보조적인 외교 메커니즘에 불과했을 뿐, 중원왕조와 혼인을 맺은 외국군주가 부마의 자격으로서 황실의 일원으로 간주된다든가 황실 내부의 권력투쟁에 간여하는 일은 없었다. 그런 의미에서 중원왕조가 주변국과 맺었던 전형적인 '甥舅關係'와는 구별될 필요가 있다. 이에 관해서는 護雅夫, 『古代トルコ民族史研究・I』(東京: 山川出版社, 1967), pp. 161-223; 沈載錫, 『高麗國王冊封硏究』(혜안, 2001), pp. 242-43 참조.

재하는 '외연적' 존재였다. 그러나 동시에 부마라는 입장에서 볼 때 그는 황실의 일원으로서 제국질서의 핵심 서클의 일원으로 인정받는 '내포적'인 존재였던 것이다. 고려국왕의 지위가 지닌 이러한 특이성을 이해하기 위해서는 우선 쿠빌라이의 집권과 그 이후 체제의 변화라는 구체적인 역사맥락 속에서 고려국왕이 어떻게 그 같은 지위를 확보하게 되었으며 쿠빌라이는 어떠한 상황과 이유에서 그런 지위를 부여하게 되었는가 하는 점을 검토하지 않으면 안 될 것이다.

이상과 같은 문제의식을 전제로 본고의 본론은 크게 네 부분으로 구성되어 있다. 먼저 제Ⅱ장에서는 대칸 뭉케 사망 직후 쿠빌라이와 아릭 부케가 제위를 두고 경쟁을 벌이면서 별도의 쿠릴타이를 개최하게 되는 과정을 설명하고, 제Ⅲ장에서는 양인의 대립이 군사적 충돌로 발전되어 그 구체적인 대결과정을 분석하되, 쿠빌라이의 승리의 요인들에 대한 이제까지 학계에서 제기된 설명들이 과연 만족스러운 것인가를 살펴볼 것이다. 이어 제Ⅳ장에서는 아릭 부케를 지지하던 서방의 제왕들이 분열을 일으키게 된 과정과 그 원인을 구명하여, 사실상 군사적 충돌이 가져온 승패보다는 몽골제국의 여러 울루스들을 상대로 한 쿠빌라이의 전략과 외교가 아릭 부케를 압도하는 데에 보다 결정적인 역할을 했음을 보여줄 것이다. 마지막으로 제Ⅴ장에서는 이러한 변화가 여·몽 양국의 관계에 어떠한 의미를 지니는가, 즉 1260년에 맺어진 속국관계와 1274년 이루어진 부마관계에 대한 분석과 그 의미를 평가할 것이다.

Ⅱ. 쿠빌라이의 등장

1. 회군

1256년 六月[1] 몽골제국의 제4대 군주인 뭉케 카안(Möngke Qa'an)은 선대 이래의 숙원이던 남송 경략을 성취하기 위하여 친정을 결의하고, 작전에 투입할 몽골군을 먼저 좌·우익 두 부분으로 나누어 구성했다. 먼저 좌익군(=東路軍)은 칭기스 칸의 막내아우 옷치긴(Otchigin)의 손자인 타가차르(Taghachar, 塔察兒)가 지휘토록 했고 그 휘하에는 만주 지방에 포진하고 있던 동방 삼왕가(三王家)의 군대를 비롯하여, 북중국·내몽골 등지에서 활약하던 소위 오부족(五部族; 잘라이르·옹기라트·이키레스·우루우트·망우트)의 군대를 배속시켰다. 우익군(=西路軍)은 뭉케 자신이 직접 지휘하고 그 휘하에는 몽골에 주둔하던 대칸 직속의 기마군단은 물론 차가타이와 우구데이 가문에 속한 군대도 배속시켰다. 이 밖에 칭기스 칸 시대의 명장 수베데이의 아들로서

1. 본고에서 월일을 한자로 표기한 것은 음력을, 아라비아 숫자로 표시한 것은 양력을 나타낸다.

당시 운남(雲南)에서 작전하고 있던 우량카다이(Uryangqadai, 兀良合台)에게 광서(廣西)와 장사(長沙)를 경유 북상하여 장강(長江) 남쪽을 압박하도록 하였다. 뭉케의 계획은 이렇게 모두 세 부분으로 이루어진 몽골의 원정군이 남송을 북방·서방·남방에서 협공하려는 것이었다.[2]

먼저 남송으로 출발하기 시작한 것은 타가차르가 이끄는 좌익군이었다. 좌익군은 1256년 가을 산동의 동평(東平)을 지난 뒤 서남쪽으로 방향을 틀어 1257년 가을에는 한수(漢水)에 이르렀다. 그곳에는 한수를 가운데 두고 마주보는 양양(襄陽)과 번성(樊城)이라는 쌍둥이 도시가 있었는데, 장강 중류로 유입되는 한수를 제압하기 위해서는 이 두 도시의 장악이 필수였다. 그러나 번성 공략전은 "임우연월(霖雨連月)"이라는 악천후로 인해 실패로 끝나고 말았고 타가차르는 회군을 결정할 수밖에 없었다.[3]

그가 철수할 무렵인 1257년 九月, 우익군을 이끌고 남정(南征)에 오른 뭉케 카안은 그 해 겨울 고비사막을 건넜고, 1258년 夏四月에는 육반산(六盤山)에 도착하여 본영을 세웠다. 뭉케는 휘하의 우익군을 삼도(三道)로 나누었다. 자신이 직접 지휘하는 중군은 자신이 직접 지휘하여 용주(隴州)를 거쳐 산관(散關)으로 들어가고, 제왕(諸王) 무게(Möge, 莫哥, 뭉케의 배다른 아우)의 우군은 양주(洋州)를 경유하여 미창관(米倉關)으로 진입케 했으며, 좌군은 보르차(Borcha, 孛里叉, 수둔 노얀의 아들)의 지휘하에 어관(魚關)을 지나 면주(沔州)로 들어가도록 했다. 이외에도 당시 성도(成都)에 주둔하고 있던 니우린(Ni'urin, 紐璘)에게 동

---

2. 뭉케의 남송원정에 관한 전반적인 설명은 李則芬,『元史新講』卷2(臺北: 中華書局, 1978), pp. 216-34; 胡昭曦 主編,『宋蒙(元)關系史』(成都: 四川大學出版社, 1992), pp. 183-254; 巴特·洪堅毅,『蒙古族古代戰例史』(北京: 金城出版社, 2002), pp. 261-80 등 참조.
3.『元史』卷3「憲宗」, p. 50. 二十五史는 中華書局에서 출판된 標點校勘本을 이용했다.

진하여 중경(重慶)을 압박하도록 지시했다. 뭉케는 밍안다르(Mingandar, 明安荅兒)에게 경조(京兆=西安)를 수비하도록 한 뒤, 秋七月 육반산에 주력군의 치중(輜重)을 남겨두고 쿤두카이(Qunduqai, 渾都海)에게 수비케 한 뒤, 자신은 휘하의 군대를 이끌고 보계(寶鷄)를 거쳐 남하하기 시작했다. 뭉케는 장강의 상류에 해당되는 백수(白水)와 가릉강(嘉陵江)에 위치한 수많은 요새들—이주(利州), 고죽애(苦竹隘), 장녕산(長寧山), 대획성(大獲城), 운산성(運山城), 청거성(靑居城) 등—을 하나씩 함락시키면서 내려갔다.[4]

한편 번성 공략이 실패로 끝났다는 소식을 들은 뭉케는 격노했고 1258년 十一月 사천(四川)의 행재소로 찾아온 타가차르를 해임하고 좌익군에 대한 지휘권을 자신의 동생인 쿠빌라이에게 일임하였다.[5] 이에 쿠빌라이는 개평(開平)을 출발하여 1259년 二月 형주(邢州)에서 타가차르를 비롯한 동도제왕(東道諸王)들과 회합을 가진 뒤, 황하를 건너 七月 甲寅(8.2)에는 여남(汝南)에 도착했다. 그가 이끄는 좌익군의 주력부대는 거기서 더 남하하여 회수를 건너 대승관(大勝關)을 돌파한 뒤, 八月 하순에는 장강 변에 위치한 양라보(陽邏堡)에 도달했다. 그러나 이 때 불의의 사건이 터졌으니, 그것은 당시 사천 방면에서 작전중이던 그의 배다른 아우 무게의 사신이 九月 壬寅(9.19) 도착하여 대칸 뭉케가 조어산에서 사망했다는 소식을 전해 준 것이다.[6]

---

4. 『元史』 卷3 「憲宗」, pp. 50–52.

5. 『元史』 卷3 「憲宗」, p. 52; 『칸의 후예들』(김호동 역주, 사계절, 2005), pp. 343–44; Rashid/Boyle, p. 226. 본고에 인용된 라시드 앗 딘의 『集史』는 먼저 필자의 역주본과 이스탄불 톱카프 도서관에 소장된 사본 Revan Köşkü 1518(Rashid/RK로 약칭), 테헤란에서 1994년 Muḥammad Rawshan이 출판한 인쇄본(Rashid/Rawshan)을 이용했고, 쿠빌라이 카안 기의 영역본으로는 J. A. Boyle의 *The Successors of Genghis Khan*(New York: Columbia University Press, 1971; Rashid/Boyle로 약칭)이 있다. 이 밖에 최근 미국에서 출간된 W. M. Thackston의 영역본 *Jami'u't-tawarikh: Compendium of Chronicles* (Harvard University, 1999; Rashid/Thackston으로 약칭)도 이용하였다.

6. 『元史』 卷4 「世祖·一」, p. 61.

페르시아의 역사가 라시드 앗 딘의 설명에 의하면 당시 뭉케가 이끄는 우익군 진영에서는 여름의 혹심한 더위로 인하여 '역병'(wabâ')이 만연하기 시작했고 이로 인해 많은 병사들이 쓰러졌는데, 뭉케는 병에 걸리지 않기 위해 포도주를 계속해서 마셨지만 결국 병에 걸려 사망하고 말았다고 한다.[7] 중국 측 기록에도 당시 만연했던 역병에 대한 기록을 찾아볼 수 있지만,[8] 뭉케 자신이 과연 '역병'으로 죽었는지의 여부는 확인하기 어렵다.[9] 뿐만 아니라 사망일자에 대해서도 엇갈린 기록들이 있으나 여기서는 일단 『원사(元史)』 「헌종기(憲宗紀)」에 따라 1259년 七月 癸亥(7.30)를 받아들이기로 하겠다.[10] 그가 사망한 원인이나 일자가 과연 어떠했는지는 별개의 문제로 치더라도, 대칸의 갑작스런 죽음은 남송정벌에 투입된 군대 모두에게 커다란 충격이었다. 당시 좌익군을 지휘하던 쿠빌라이는 이 소식에 대해 과연 어떻게 대응했을까.

앞에서 쿠빌라이의 배다른 아우 무게가 사신을 보내 흉보를 알려왔다는 사실을 언급했는데, 일찍이 미야자키 이치사다(宮崎市定)도 지적했듯이 쿠빌라이가 대칸의 사망소식을 최초로 접한 것은 사실 그보다 더 이전이었다.[11] 당시 쿠빌라이를 따라 남송전에 참전했던 학경(郝經)은 악주(鄂州=武昌)를 포위하던 자신의 주군에게 회군을 청하는 「반

---

7. 『칸의 후예들』, pp. 345-46; Rashid/RK, 195r; Rashid/Rawshan, II, pp. 852-53; Rashid/Boyle, p. 228. 『集史』에 언급된 '疫病'을 콜레라로 보는 견해에 대해서는 杉山正明, 『フビライの挑戰』, pp. 81-84 참조.
8. 『元史』 卷155 「史天澤傳」, p. 3660 ('軍中大疫'); 姚燧, 『牧菴集』(四部叢刊 初編), 卷16 「便宜副總帥汪公神道碑」, p. 150下 ('此時暑, 我師疾矣').
9. 『元史』 卷3 「憲宗」, pp. 53-54에도 단지 '병에 걸려(不豫)' 사망한 것으로만 되어 있다.
10. 『元史』 卷3 「憲宗」, p. 54. 그러나 『집사』(Rashid/RK, 195r)는 뭉케가 회력 655년 무하람월(1257년 1월 19일~2월 17일)에 시작하는 '모가이 일' 즉 뱀의 해에 사망했다고 기록했다.
11. 宮崎市定, 「鄂州之役前後」, 『アジア史研究』 卷1(同朋舍, 1957; 原載 『內藤博士頌壽記念史學論叢』, 1930).

사의(班師議)」를 올렸는데, 거기서 그는 "여남에 이르렀을 때 이미 흉한 소식을 들었다"라고 밝히고 있으며,[12] 페르시아 측 자료도 "그의 사망소식이 쿠이카 무렌(Qûîqa Mûrân, 淮河) 강가에 있던 쿠빌라이에게" 전해지게 되었다고 기록하였다.[13] 쿠빌라이의 군대가 회수 북안의 여남에 도착한 날짜는 1259년 七月 甲寅(8.2)이고 八月 丙戌(9.3)에 회수를 건넜기 때문에, 여남에 한 달을 머물렀던 셈이고, '흉한 소식'은 그 사이에 도착했다고 보아야 할 것이다. 뭉케의 사망이 7월 말이었다면 그 소식이 여남으로 전해진 것은 아마 8월 중하순경일 가능성이 높다.

대칸의 사망소식을 접한 쿠빌라이는 회군이냐 진군이냐의 어려운 결정을 내려야 했고 자신의 참모들에게 의견을 개진토록 했다. 앞서 언급한 학경과 같은 사람은 회군을 극력 주장했으나, 잘라이르 부(部)의 수령이자 무칼리(Muqali, 木華黎)의 손자인 바하두르 노얀(Bahadur Noyan, 霸突魯)은 "우리는 개미와 메뚜기처럼 [많은] 군대를 데리고 이곳에 왔다. 헛소문(arâjîf) 때문에 임무를 완수하지도 못하고 어떻게 돌아가겠는가?"[14]라고 하며 진군을 역설했고, 결국 쿠빌라이도 회수의 도하(渡河)를 결정하게 된 것이다. 이렇게 해서 남진을 계속한 쿠빌라이는 9월 18일에 이르러 장강 북안에 도달하게 되는데, 무케가 보낸 사신이 도착하여 대칸의 사망을 다시 한번 확인시킨 것은 바로 그 다음 날이었다.

쿠빌라이는 다시 한번 남진이냐 회군이냐를 결정하지 않으면 안 되게 되었다. 이때 그는 "내가 칙명을 받고 남쪽으로 왔는데, 아무런 공도 세우지 못하고 어찌 갑자기 돌아갈 수 있단 말인가?"라고 말하며,

---

12. 『元史』 卷157 「郝經傳」, p. 3705; 『國朝文類』 卷13 「班師議」.
13. 『칸의 후예들』, p. 371; Rashid/RK, 199v; Rashid/Rawshan, p. 871; Rashid/Boyle, p. 248. 이와 유사한 내용이 『칸의 후예들』, pp. 346-47; Rashid/RK, 195r; Rashid/Rawshan, pp. 853-54; Rashid/Boyle, p. 229에도 보인다.
14. 『칸의 후예들』, p. 371; Rashid/RK, 200r; Rashid/Rawshan, p. 871; Rashid/Boyle, p. 248.

9월 22일 비바람과 안개에 뒤덮인 장강을 건너 드디어 악주 성하(城下)에 도달하였다.[15] 악주 공략전은 이때부터 12월 16일 쿠빌라이가 철군할 때까지 3개월가량 계속되었다. 쿠빌라이가 대칸의 사망에도 불구하고 군사작전을 중단하지 않고 악주 공략전을 계속한 이유에 대해서, 그가 장차 벌어질 후계자 경쟁에서 필요한 '명분의 축적'과 전투를 통해서 자신의 지휘하에 있던 좌익군에 대한 '군권(軍權)의 강화'를 노렸을 것이라는 지적은 충분한 설득력을 가진 것으로 보인다.[16] 아마 쿠빌라이는 남송 경략의 교두보인 악주를 점령한 뒤 승전군을 이끌고 개선(凱旋)한다면 대칸 선출시 여론의 지지를 받을 수 있으리라고 판단했을지도 모른다.

그러나 그는 결국 회군이라는 결정을 내렸다. 그가 왜 갑자기 철군 결정을 내리게 된 것일까. 그것은 바로 그가 노리던 두 가지 목표의 달성을 어렵게 만든 상황들이 발생했기 때문이었다. 즉 첫째, 악주 전투가 장기화되면서 몽골군의 피해가 커지기 시작했다는 점이다. 군대 안에서 발생한 유행병으로 인해 10명 가운데 4-5명이 사망한 데다가, 전투가 더 길어져 겨울이 봄으로 바뀌는 시기가 되면 역병이 크게 확대될 가능성도 높아, 자칫 잘못하면 회군조차 할 수 없는 최악의 상황에 빠져들지도 모른다는 우려가 있었다.[17] 둘째, 뭉케의 사망으로 인해 우익군이 와해되자, 그들을 막기 위해 사천 지방으로 파견되었던 남송(南宋)군이 귀환하여 악주 방위가 강화되었을 뿐만 아니라, 대칸의 사망소식으로 남송 측의 사기가 크게 진작되었다.[18] 셋째, 카라코룸에 주둔하고 있던 아릭 부케 휘하의 대신들이 고비 사막의 남쪽과 북쪽에서

---

15. 『元史』 卷4 「世祖·一」, pp. 61-62.
16. 前揭 宮崎市定, 「鄂州之役前後」; 杉山正明, 「クビライ政權と東方三王家 — 鄂州の役前後再論」, 『東方學報』 54(1982), pp. 288-89.
17. 『陵川集』 卷32; 『元史』 卷157 「郝經傳」, p. 3705; 『國朝文類』 卷13 「班師議」.
18. Rashid/Boyle, p. 248.

병사들을 징발하고 있다는 소식이 전해졌다. 이 가운데에서 무엇보다도 쿠빌라이를 불안하게 하고 회군의 결정을 내리게 한 결정적인 사정은 대칸의 후계자리를 둘러싸고 자신과 경쟁관계에 있던 아릭 부케 측의 바로 이 같은 심상치 않은 움직임이었을 것이다.

중국 측이나 페르시아 측 자료에 의하면 아릭 부케 측의 동향에 관한 소식을 처음 전해준 사람은 쿠빌라이의 부인 차부이(『집사』에는 Châbûn으로 표기; 한문자료에는 察必 즉 Chabui로 표기됨)이었다. 이에 대해 라시드 앗 딘은 다음과 같이 기록하고 있다.

> 그러는 사이에 차분 카툰과 그녀의 오르두(宮帳)에 속하는 아미르들인 타이치우타이와 예쿠의 사신들이 도착하여 "아릭 부케로부터 대아미르들인 도르지(Dôrjî)와 알람다르(Alamdâr)가 와서 몽골과 자우쿠트에게서 투르칵(turqâq)[19]들을 징발하고 있습니다. 왜 그러는지 알 수가 없습니다. 그 병사들을 내어 줄까요 말까요?"라는 전갈을 보내왔다. 또한 마치 수수께끼처럼 "큰 고기의 머리와 작은 고기의 머리는 잘렸습니다. 당신과 아릭 부케를 제외하고 누가 남아 있습니까? 귀환하시는 것이 가능한가요 아닌가요?"라고 [전해왔다].[20]

『원사』 역시 이와 거의 동일한 내용을 다음과 같이 전하고 있다.

> 이때 알람다르(阿藍答兒)는 막북(漠北)의 여러 부(部)에서 병사들을 징발하고 도르지(脫里赤)는 막남(漠南) 여러 부에서 병사들을 차출하였다. 알람다르가 역전(驛傳)을 이용하며 병사들을 모집하였는데 개평에서 불과 100여 리 떨어진 곳에

19. 몽골어의 turqaq은 한자로는 覩魯花·禿魯花 등으로 옮겨지는데, 이는 원래 투르크어에서 "to stand"를 뜻하는 tur-라는 동사에서 파생된 단어이다(Hsiao Ch'i-ch'ing, *The Military Establishment of the Yuan Dynasty*, Cambridge, Mass.: Harvard University Press, 1978, p. 149). '護衛·侍衛'를 뜻하며 『몽골비사』에서는 散班이라는 단어로 옮겨졌다. 또한 turqaq은 '人質·質子'의 뜻으로도 사용되었다. 여기서 '투르칵들을 징발했다'는 기록은 특별히 호위병이나 인질병을 징발한 것이라기보다는 일반적인 병력의 징발을 의미하는 것으로 보인다.

20. 『칸의 후예들』, p. 372; Rashid/RK, 200r; Rashid/Rawshan, p. 872; Rashid/Boyle, pp. 248-49. 인용문의 '큰 고기와 작은 고기'는 톨루이의 正妻 소르칵타니 베키 소생의 네 아들 가운데 장자 뭉케와 삼자 훌레구를 지칭한 것으로 보인다.

있었다. 황후가 이를 듣고 사람을 시켜 "군사를 징발함은 대사(大事)이다. 태조(太祖) 황제의 증손인 진김(眞金)이 이곳에 있는데, 어찌하여 그에게 알리지 않는가?"라고 말했다. [이에 대해] 알람다르는 대답을 하지 못했다. 이어서 도르지 역시 연(燕)에 이르렀다는 소식을 듣고 황후는 즉시 토곤(脫歡)과 에메겐(愛莫干)을 [쿠빌라이의] 군대가 있는 곳으로 신속히 보내 은밀히 알리면서 속히 돌아올 것을 청하였다.[21]

이러한 상황의 변화는 쿠빌라이에게 더 이상 악주에 머물러 있는 것이 '명분의 축적'이나 '군권의 강화' 그 어느 쪽에도 도움이 되지 않으리라는 점을 깨닫게 했다. 학경의 「반사의」가 제출된 것도 바로 이 때였다(11.17). 그의 글은 당시의 정세와 쿠빌라이가 처한 상황을 예리하게 지적하고 있다.

송나라 사람들은 대적(大敵)을 두려워하니 자구(自救)하려는 병사들이 모두 모인다고 해도 여전히 우리를 도모할 여유는 없을 것이나, 다만 우리의 국내가 텅 비어 있습니다. [즉] 타가차르 국왕과 이단(李璮) 행성(行省)이 팔꿈치와 넓적다리처럼 서로 의지하며 배후에서 위협이 되고, 서역의 제호(諸胡)들은 관롱(關隴)지방을 넘보며 훌레구(旭烈) 대왕을 격절시켜 놓았고, 백성에게 해를 끼치는 간사한 무리들은 각자 [쿠빌라이와 아릭 부케] 양측과 모두 연결하여 누가 [계승자로] 서게 될지를 관망하고 있습니다.[22]

그는 이렇게 말하면서 쿠빌라이가 악주에 계속 머무르게 될 경우 "복배(腹背)에서 적을 맞는" 고립무원의 지경에 빠지게 되고 "신기(神器)"와 "대사(大事)"를 그르치게 될 것이라고 경고한 것이다. 물론 쿠빌라이가 오로지 학경의 주장에 설득되어 철군을 결정한 것은 아니었고, 『집사(集史)』에서 지적되었듯이 바하두르 노얀 및 우량카다이 등과 "은밀하게"(dar khafîh) 상의[23]를 한 결과였으며, 이미 철군은 쿠빌

21. 『元史』 卷4 「世祖・一」, pp. 62-63. 앞의 인용문에 나와 있듯이 『集史』에는 차분 카툰이 보낸 두 명의 사신의 이름이 타이치우타이와 예쿠데르로 기록되어 있다.

22. 『元史』 卷157 「郝經傳」, p. 3707.

23. 『칸의 후예들』, p. 372; Rashid/RK, 200r; Rashid/Boyle, p. 249.

라이 진중에서 대세를 이루었던 것이다.

쿠빌라이는 바하두르 노얀과 우량카다이 휘하의 5 tümen(萬戶)의 군대를 악주에 남겨둔 채 자신은 북상하기 시작했다. 황하 연안에 위치한 남경(南京=開封)에 도착한 쿠빌라이는 북방에서 긴박하게 돌아가는 상황에 대응하기 위하여, 악주에 잔류시킨 군대로 사람을 보내 "지금 당장 아우주시의 포위를 중지하고 돌아오라. 천체의 운행처럼 상황이 다시 바뀌었기 때문이다."라는 전갈을 보냈다.[24] 그러나 남송의 가사도(賈似道)는 적군의 혼란을 적절히 이용할 생각을 하지 않고 오히려 사신 송경(宋京)을 보내 세폐(歲幣)를 주겠다고 하며 화의를 청했고, 이로써 악주의 전역(戰役)은 끝나게 된 것이다. 쿠빌라이가 연경에 도착한 것은 1260년 1월 4일이었고, 그는 연경에서 겨울을 지낸 뒤 三月 戊辰(4.12) 개평으로 와서 辛卯(5.5)에 대칸으로 즉위한 것이다. 이로써 쿠빌라이는 막내아우 아릭 부케와의 전면대결이라는 피할 수 없는 길로 들어서고 말았다.

2. 두 개의 쿠릴타이

『원사』에 의하면 1260년 봄 개평에 모인 제왕과 대신들이 쿠빌라이에게 즉위할 것을 청했으나 그는 세 차례나 사양하다가 三月 辛卯日(5.5)에 개최된 쿠릴타이에서 대칸으로 즉위했으며, 아릭 부케는 이보다 조금 늦은 四月(5.11~6.10)에 "화림성(和林城) 서쪽의 안탄하(按坦河)에서 [대칸을] 참칭했다"고 한다.[25] 이에 비해 『집사』는 아릭 부케 측이 뭉케의 장례를 구실로 쿠빌라이와 그의 일파를 카라코룸으로 초청하

24. 『칸의 후예들』, p. 374.
25. 『元史』 卷4 「世祖・一」, pp. 63-65.

여 일거에 구금·제거하려고 했는데, 이 계획이 실패로 돌아가자 독자적으로 "알타이의 하영지(夏營地)"(yâîlâq-i Altâî)[26]에서 대칸으로 즉위했으며, 이처럼 아릭 부케가 '반역'(bulghaq)을 일으켰다는 소식을 접한 제왕과 대신들은 원숭이해인 1260년 여름 중간에 개평부(開平府, Kaymingfu)에서 쿠빌라이를 대칸으로 추대하게 된 것이라고 기록하였다.[27]

두 자료의 기록은 대체로 흡사하지만 쿠빌라이와 아릭 부케 가운데 누가 먼저 쿠릴타이를 열어 대칸으로 추대되었는가에 대해서는 정반대로 나타나 있다. 어느 쪽이 진실인지를 가려내는 것은 어렵지 않다. 우선 지금은 실전(失傳)되었지만 『세조실록(世祖實錄)』에 기초하여 작성된 「세조본기(世祖本紀)」[28]가 일자의 신빙성이라는 면에서는 당연히 『집사』와 비교할 수 없다. 뿐만 아니라 만일 아릭 부케가 먼저 '참칭'한 것이 사실이라면 쿠빌라이의 즉위는 그러한 행동에 대한 대응이라고 당연히 정당화될 수 있을텐데, 『원사』가 쿠빌라이의 집권의 정당성을 강화시켜 줄 그러한 사실을 소홀히 다루고 오히려 그에게 불리한 내용을 기록했으리라고는 생각하기 힘들다. 따라서 『집사』의 기록을 오류로 보아야 마땅할 것이지만, 그렇게 씌어진 것이 라시드 앗 딘의 어설픈 실수나 그 개인의 자의적인 왜곡이라고 보기도 어렵다. 실수나 왜곡이라고 치부하기에는 내용이 상세하고 또 중대하기 때문이다. 그렇다면 결국 라시드 앗 딘의 이러한 기록은 가잔 칸을 비롯한 이란의 몽골 지배층이 쿠릴타이를 먼저 개최한 쪽은 아릭 부케였다는 생각을

26. 구체적인 지점은 확인되지 않고 있지만, 『元史』에 아릭 부케가 즉위한 지점을 "和林(카라코룸) 성의 서쪽 안탄하(按坦河)"라고 기록한 것으로 보아, 여기서 "알타이"는 알타이 산맥이 아니라 카라코룸 부근의 Altan/Altai라는 이름의 강을 가리키며, 'yâîlâq-i Altâî'는 그 부근에 위치한 하영지를 지칭하는 것으로 이해할 수 있다.

27. 『칸의 후예들』, pp. 377-78; Rashid/RK, 200v-201r; Rashid/Rawshan, pp. 874-76; Rashid/Boyle, pp. 250-52.

28. 「世祖實錄」은 쿠빌라이가 사망한 다음 해(元貞元年)에 완성되었다(『元史』 卷18 「成宗·一」, p. 394).

하고 있었거나, 아니면 쿠빌라이가 이란으로 파견했던 볼라드 칭상(Bolad Chingsang)[29]이 전해준 내용을 그대로 옮겼을 가능성도 배제할 수 없다.

아릭 부케가 먼저 대칸을 칭했다는 『집사』의 이 기사는 쿠빌라이의 승리가 확정된 이후에도 그의 집권을 합리화하기 위해 역사적 사실이 왜곡되었음을 보여주는 좋은 예이다. 쿠빌라이의 동생이자 그의 집권을 지지했던 훌레구의 계승자 일 칸(il qan)들의 정치적 입장을 고려해야 했던 라시드 앗 딘은 아릭 부케의 행동을 '반역'으로 낙인찍었고, 마찬가지로 쿠빌라이 집권의 정당성이 강조된 『원사』에도 '반(反)'·'반(叛)'·'구란(搆亂)' 등의 표현이 사용되고 있다.[30] 원자료의 이러한 편향성은 후대의 역사가들에게도 여과없이 그대로 전달되었고,[31] 학자들조차 '아릭 부케의 난(亂)'이라는 표현을 사용하였다.[32] 그러나 최근에

29. 볼라드 칭상이 『集史』 편찬에 기여한 역할에 대해서는 필자의 『部族志』(사계절, 2001), pp. 31-33; T. Allsen, *Culture and Conquest in Mongol Eurasia* (Cambridge: Cambridge University Press, 2001), pp. 77-79 등을 참조.

30. 『元史』 卷4 「世祖·一」, p. 65; 卷118 「特薛禪傳」, p. 2916; 卷119 「覇突魯傳」, p. 2942.

31. 쿠빌라이와 아릭 부케, 이 두 사람을 대립을 놓고 합법과 불의, 정통과 반역으로 평가하는 이러한 褒貶의 관점은 魏源(1794-1856)의 『元史新編』(揚州古籍書店, 1990), 卷5 「世祖本紀」, pp. 46-47; 柯劭忞(1850-1932)의 『新元史』(『元史二種』, 傷害古籍出版社, 1981), 卷110 「阿里不哥傳」, pp. 508-509; 屠寄(1856-1921)의 『蒙兀兒史記』(『元史二種』, 傷害古籍出版社, 1981) 卷7 「忽必烈汗紀」, p. 78 등과 같은 清代 學人의 글에서도 아무런 비판없이 전달되었다. 이 점에서는 이슬람권 역사가들도 예외는 아니다. 티무르조의 궁정사가인 샤라프 앗 딘 알리 야즈디(Sharaf ad-Dîn ʿAlî Yazdî, 1454년 사망), 히바 칸국의 군주 아불 가지 바하두르(Abûal-Ghâzî Bahâdûr, 1623-63) 등의 글에도 아릭 부케의 행동은 모두 '반란'으로 규정되고 있다. 예를 들어 야즈디의 *Ẓafar-nâma* (Tashkent, 1972, 65r)에는 "Arîq Bûkâ …… sar-kash namûd va dar ordûî-yi buzurg bar takht nishasht" (아릭 부케는 …… 반란을 일으켜 [카라코롬의] 대오르두에서 권좌에 앉았다)라는 표현이 보이고, 바하두르의 *Shajara-i Turk* (*Histoire des Mongols et des Tatares*, Chaghatay Text published by Baron Desmaisons, 1871, pp. 147-48)에는 "Qûbilâî Qâânğa yâq [원문의 yâv는 誤記] bolup"(쿠빌라이 카안에게 반란을 일으켰다)라든가, "Qûbilâî Qâânning dargâhîğe keldide ʿudhr etti erse Qâân häm aning gunâhîni ötti"(쿠빌라이 카안의 어전에 와서 사죄하니 카안도 그의 죄를 용서해 주었다)는 등의 표현이 보인다.

들어와서는 이러한 친(親)쿠빌라이적 입장을 비판하면서 보다 중립적인 관점에 서서 양자의 투쟁에 대하여 칸위 계승을 둘러싼 '쟁탈' 혹은 '전쟁'으로 이해하는 것이 일반적이고,[33] 여기서 한 걸음 더 나아가 쿠빌라이가 내몽골에서 독자적인 쿠릴타이를 개최하고 대칸을 자칭한 것은 당시 몽골인들의 관례를 무시한 '폭거'이며 그의 집권을 '탈권' 혹은 '찬탈'이라고까지 부르는 연구들도 나오고 있다.[34] 오히려 쿠빌라이의 행동을 '반란'이라고 규정하는 학자도 있을 정도이다.[35]

쿠빌라이와 아릭 부케 두 사람 가운데 누가 '적법'했고 누가 '반란'을 일으킨 것인가를 판단하는 문제는 우리가 지금 섣불리 말할 문제는 분명히 아니다. 반란도 성공하면 혁명으로 인정되는 것이 역사의 엄혹한 현실이다. 더구나 유목국가의 경우에는 누구나 인정하는 확고한 계승원칙이 존재했던 것이 아니라 전임자의 유지(遺志), 후보자들의 역량, 지지자들의 분포 등 여러 가지 요소들이 동시에 작용하면서 계승자가 결정되었기 때문에, 어느 누가 원래부터 정당했다고 말하기는 매우 힘든 형편이다. 따라서 현재 우리가 검토해 볼 수 있는 문제는 당시 몽골인들의 관행에 비추어 누가 칸위 계승에 필요한 절차를 보다 잘 준수했는가, 또 누가 몽골 귀족들의 광범위한 지지를 받았느냐 하는 점일 것이다.

1259년 7월 말 뭉케가 사망하자 우익군의 모든 군사작전은 중지되

---

32. 田村實造,「アリクブカの亂と海都の叛亂」,『征服王朝史の研究』 中(京都: 東洋史研究會, 1971), pp. 465–69; 劉迎勝,「阿里不哥之亂與察合台汗國的發展」,『新疆大學學報』 1984–2.
33. 예를 들어 『元朝史』 上(北京: 人民出版社, 1986), p. 259; 黎東方,『細說元朝』(上海人民出版社, 1997), p. 146; David Morgan, *The Mongols* (Oxford: Basil Blackwell, 1986), p. 117; 池內功,「アリグ=ブカ戰爭と汪氏一族」,『中國史における亂の構圖』(雄山閣, 1985) 참조.
34. 邱樹森,『元朝簡史』(福建人民出版社, 1999), pp. 129ff; 杉山正明,『몽골세계제국』(임대희 · 김장구 · 양영우 옮김, 신서원, 1999), pp. 118ff.
35. 杉山正明,『クビライの挑戰』, pp. 116–17.

고, 뭉케를 따라 참전했던 그의 아들 아수타이(Asutai)와 장군 타타르타이(Tatartai, 塔塔兒台) 등은 남은 군대를 쿤두카이에게 위임하고 부친의 시신을 수습하여 카라코룸으로 돌아갔다.[36] 그의 시신은 몽골인들의 관습에 따라 사대(四大) 오르두(宮帳)에 차례로 하루씩 안치되었고, 그 뒤 조부 칭기스 칸과 부친 톨루이가 묻혀 있는 부르칸 칼둔(Burqan Qaldun)이라고 불리는 '대금구(大禁區)'(yeke qoruq)에 매장했다.[37] 마르코 폴로는 그의 시신이 사천에서 몽골로 운구되는 도중에 마주친 사람들 2만 명 이상이 죽음을 당했다는 기록을 남기고 있는데,[38] 칭기스 칸의 유해가 몽골로 이송된 때에도 도중에 마주치는 모든 사람들을 죽였다는 기록이 남아 있다.[39] 이처럼 잔인한 학살은 지도자의 사망소식이 사전에 유출되는 것을 차단하고, 마주치는 사람들이 망자의 영혼에 악영향을 끼치는 것을 방지하기 위해서 자행되었던 것으로 보인다.[40]

칭기스 칸 사후 그의 막내아들인 톨루이가 부친의 오르두들을 물려받고 후임 군주가 선출될 때까지 감국(監國)의 사무를 맡아보았던 것처럼, 우룽타시(Ûrungtâsh, 玉龍塔思)도 뭉케 유고 시에는 그러한 역할을 할 수 있는 자격을 갖고 있었다.[41] 그러나 뭉케 사후 대칸의 장례절차를 주관한 인물은 바로 아릭 부케였다. 그것은 뭉케가 남송 원정을 떠나면서 후방에 남는 자신의 오르두들(orduhâ)과 몽골군대(lashkar-i Moghul)와 울루스(ulus), 나아가 자신의 막내아들인 우룽타시까지 아릭 부케에게 위탁했기 때문이었다.[42] 즉 그는 뭉케의 가족과 가산에 대한

---

36. 『元史』 卷119 「塔塔兒台傳」, p. 2943 ("會憲宗崩, 命塔塔兒台護靈駕赴北").
37. Rashid/RK, 195r; Rashid/Rawshan, p. 853; Rashid/Boyle, pp. 228–29. Rashid/RK에는 매장지를 Bûlqâq Qâldûn이라고 표기했으나 이는 Bûrqân Qâldûn을 잘못 베낀 것으로 보인다.
38. 김호동 역주, 『마르코 폴로의 동방견문록』(사계절, 2000), p. 192.
39. 『칭기스 칸기』, p. 386.
40. P. Pelliot, *Notes on Marco Polo*, vol. 1, pp. 329–30.
41. P. Jackson, "The Dissolution of the Mongol Empire," *Central Asiatic Journal*, 22-3/4 (1978), p. 228.

관리는 물론 제국의 군대와 인민들에 대한 통제권까지 위임받은 것이었다. 따라서 아릭 부케가 장례절차를 주관하며 일종의 감국의 역할을 수행한 것은 결코 월권이라고 할 수 없었으며, 당시 몽골 귀족 가운데 누구도 그 점에 대해서는 이의를 제기하지 않았다.

『집사』는 아릭 부케가 쿠빌라이에 앞서서 스스로 대칸의 자리에 오르게 된 사정을 다음과 같이 설명하고 있다. 즉 아릭 부케는 뭉케의 장례와 신임 대칸의 선출을 논의하기 위한 쿠릴타이를 소집했고, 쿠빌라이에게도 수차례 사신들을 파견하여 조속한 귀환을 요청했다. 쿠릴타이의 소집통고가 언제였는지를 확인할 수는 없으나 뭉케의 영구(靈柩)가 카라코룸에 도착한 지 얼마 지나지 않은 시점, 즉 1259년 후반이 아닐까 추정된다. 그러나 이 요청에 응해서 도착한 것은 타가차르의 아들 나이마다이(Naimadai)와 지빅 테무르(Jibik Temür)의 동생 이수(Yisü)뿐이었고, 다른 사람들은 각자 구실을 대며 오지 않아서 결국 쿠릴타이는 성사되지 못했다. 아릭 부케는 쿠릴타이의 소집을 알리기 위해 도르지 등을 연경으로 다시 파견했다. 그 때는 마침 쿠빌라이를 위시해서 타가차르, 이숭게(Yisüngge), 나린 카단(Narin Qadan)과 다른 만호장들이 그곳에 머무르고 있을 때였으니, 이는 적어도 쿠빌라이가 악주에서 철군하여 연경으로 들어온 1260년 1월 4일 이후의 일임이 분명하다. 아릭 부케의 제의에 대해 제왕들은 쿠릴타이 참석의 당위성을 인정하고 오랜 원정을 마쳤으니 고향에 돌아갔다가 카라코룸으로 가겠다고 약속했지만, 아릭 부케 측은 더 이상 기다릴 수 없다고 주장하며 독자적인 쿠릴타이를 열고 그를 대칸으로 추대했다는 것이다.[43]

쿠빌라이를 옹호하는 입장에서 씌어진 『집사』의 이 기록을 어디까지 믿을 수 있을지는 문제이다. 아릭 부케가 쿠빌라이보다 독자적인

---

42. 『칸의 후예들』, p. 341; Rashid/RK, 194r; Rashid/Rawshan, p. 849; Rashid/Boyle, p. 224.
43. 『칸의 후예들』, pp. 376-77; Rashid/RK, 200v; Rashid/Rawshan, pp. 873-75; Rashid/Boyle, pp. 250-51.

쿠릴타이를 먼저 개최하지 않은 것은 이미 지적한 바이지만, 아릭 부케가 쿠빌라이를 초청한 것이 대칸의 장례를 구실로 그를 체포하려는 음모였다는 『집사』의 주장은 재고의 여지가 있다. 뭉케 사후 사실상 감국의 역할을 하게 된 아릭 부케로서 제왕들에게 사신을 보내 쿠릴타이의 소집과 참석을 요청한 것은 당연한 조치였기 때문이다. 물론 아릭 부케의 속내가 어떠했는지는 우리가 알 수 없는 노릇이지만, 당시 경쟁자였던 쿠빌라이 측에서 품었던 의심을 우리가 모두 믿고 받아들여야 할 이유는 없을 것이다. 아무튼 적어도 아릭 부케가 대칸의 장례와 후계자의 선정을 위한 쿠릴타이의 개최를 제의하고 이를 위해 각지로 사신들을 파견했던 것은 사실이었고, 당시 시리아에서 알레포를 포위 중이던 훌레구가 1만 명 남짓한 병력을 부장(副將) 키트 부카(Kit Buqa)에게 맡기고, 1260년 봄 주력군을 이끌고 철수하여 사루즈(Saruj)와 아흘라트(Akhlat, 6월 7일)를 거쳐 아제르바이잔까지 동진한 것[44]도 아마 그 같은 통보를 받았기 때문일 것으로 추정된다.

따라서 뭉케 사망 직후 국정의 주도권은 아릭 부케의 손에 있었다고 보아야 할 것이다. 그는 남벌에 나선 대칸으로부터 몽골 본토에 남아 '울루스'를 관리할 전권을 위임받았을 뿐만 아니라, 이제는 장례의식과 군주선출을 위한 쿠릴타이를 소집하는 역할까지 하게 되었기 때문이다. 이에 대해 쿠빌라이 측이 위기의식을 느낀 것은 당연하였으며, 이는 학경의 「반사의」에도 분명히 드러나 있다.

> 아릭 부케가 이미 사면령을 내리고, 도르지를 단사관(斷事官)·행상서성[사](行尙書省[事])로 삼아 연도(燕都)를 근거로 도적(圖籍)을 조사하고 여러 도(道)를 호령하면서 황제의 사무를 수행하고 있습니다. 대왕께서는 평소 인망이 높고 또한 중병(重兵)을 장악하고 계시지만 …… 만약 그가 과감한 결정을 내려 유서(遺書)를 받았다고 칭하며, 위호(位號)를 바로잡는다는 명목으로 중원(中原)에 조칙을

44. R. Amitai-Preiss, *Mongols and Mamluks* (Cambridge: Cambridge University Press, 1995), pp. 27-28.

내리고 강북에 사면을 내린다면, [대왕께서] 돌아가려고 해도 가능하겠습니까? …… [대왕께서는] 일군(一軍)을 보내 뭉케 카안(蒙哥罕)의 영여(靈輿)를 맞아들여 황제의 국새를 거두고, 사신을 파견하여 훌레구, 아릭 부케, 무게 및 제왕(諸王)·부마들을 소집해서 카라코룸에 모여 장례를 치르도록 하십시오. 또한 변경(汴京)·경조(京兆)·성도(成都)·서량(西涼)·동평(東平)·서경(西京)·북경(北京) 등지에 관리를 파견해서 위무토록 하고, 진김태자(眞金太子)를 불러 연도(燕都)에 주둔시켜 위세를 과시하도록 하십시오.45

이것은 지금 당장 국정의 주도권—대칸의 장례문제와 쿠릴타이의 소집—을 아릭 부케의 손에서 빼앗아 오지 못하면 기회를 잃고 대권을 상실하게 될 것이라는 경고이다. 그러나 톨루이의 셋째 아들인 쿠빌라이에게는 뭉케의 영여(靈輿)를 가로채서 황제의 옥새를 빼앗을 명분도, 제왕들을 쿠릴타이에 소집할 권한도 없었다. 만약 그가 관례를 무시하고 한낱 제왕의 자격으로 그런 행동을 한다면 그것이 곧 '반란'으로 인식될 수도 있기 때문이었다. 더구나 그는 대칸 뭉케의 의심을 사서 크게 불화를 일으킨 적이 있었다. 1257년 여름, 뭉케는 알람다르를 쿠빌라이의 분지(分地)인 경조(京兆)로 보내 쿠빌라이가 설치한 경략사(經略司)·선무사(宣撫司)의 대소 관원들을 조사하여 142개 조항의 죄목을 열거하고 관련된 인사들 다수를 처형했던 것이다.46 쿠빌라이가 처음에 남벌 좌익군의 총수직을 맡지 못한 것도 뭉케의 의심 때문이었으며, 1258년 그가 남정(南征)중인 뭉케를 직접 찾아가 해명을 한 뒤에야 비로소 다소간 오해가 풀려, 타가차르가 양양(襄陽) 작전에 실패한 뒤 그 후임으로 좌익군 사령관에 임명되었던 것이다.47

따라서 뭉케 사후 후계자 경쟁에서 전반적인 대세가 아릭 부케 측

45. 『元史』 卷157 「郝經傳」, pp. 3707-3708.
46. 『牧菴集』 卷15 「中書左丞姚文獻公神道碑」, p. 133; 『元朝名臣史略』, 卷12, 「參政商文定公」, p. 219.
47. 陳得芝·王頲, 「忽必烈與蒙哥的一場鬪爭」, 『元史論叢』 제1집(北京, 1982), pp. 47-56.

에 기울었음은 분명하다. 그렇지만 아릭 부케도 안심하고 있을 수만은 없는 형편이었다. 뭉케를 따라 남벌에 참가했던 우익군의 상당수는 북방으로 돌아왔지만 여전히 다수는 사천·섬서·감숙 등지에 흩어져 있었고, 또 일부는 쿠빌라이 쪽으로 기울고 있었다. 반면 쿠빌라이는 악주에 투입되었던 좌익군 전체를 고스란히 이끌고 북상하여, 학경의 말처럼 "중병(重兵)을 장악"하고 있었다. 따라서 아릭 부케가 알람다르와 도르지 등 근신(近臣)을 보내어 막북(漠北)과 막남(漠南)에서 각각 투르칵(turqâq)·병사(cherik)·물자(amvâl)·가축(chahâr-pâyân) 등을 징발한 것[48]이 공위시(空位時) 생길 수 있는 혼란에 대비하기 위해 감국(監國)으로서 취할 수 있는 조치였을지는 모르나, 쿠빌라이 측이 경계했듯이 장차 벌어질지도 모를 계승분쟁에서 자신의 군사적·물질적 기반을 확보하려는 의도였을 가능성도 배제할 수는 없다. 페르시아의 역사가 와싸프(Waṣṣâf)[49]도 아릭 부케가 초원에 새로운 도시를 건설하고 그 안에 황금의 궁전을 건설하기 위하여 이렇게 각종 재화와 물자와 가축 등을 징발했다고 기록하였다.[50]

이처럼 뭉케 사후 국정 주도권의 상실, 쿠릴타이 불참에 대한 여론의 압박, 아릭 부케 측의 군사적 조치 등에 직면한 쿠빌라이가 대권을 장악하기 위해 취할 수 있는 선택의 여지는 극히 제한적일 수밖에 없었다. 그가 아릭 부케가 주도하는 쿠릴타이에 참석하여 몽골귀족들의

---

48. 『칸의 후예들』, pp. 372-73; Rashid/RK, 200r; Rashid/Rawshan, pp. 872-73; Rashid/Boyle, p. 249.

49. *'Abd Allâh Sharaf Shîrâzî*(1264-1334, 일명 Waṣṣâf)의 *Tajziyat al-amṣâr va Tazjiyat al-a'ṣâr*(『地域의 分割과 歲月의 推移』, 1312). 여기서는 1853년 봄베이에서 출판된 석판인쇄본 *Târîkh-i Waṣṣâf al-Haḍrat dar aḥvâl-i salâṭîn-i Moghûl*의 테헤란 영인본을 인용했다. 이 책의 제1권의 텍스트와 독일어 번역이 Hammer-Purgstall에 의해 *Geschichte Wassaf's*(Wien, 1856)이라는 제목으로 출간되었고, 난해하기로 유명한 와싸프의 글을 현대 페르시아어로 쉽게 풀어쓴 'Abd al-Muḥammad Âyatî의 *Taḥrîr-i Târîkh-i Waṣṣâf*(Tehran, 1971)도 유용하다.

50. *Târîkh-i Waṣṣâf*, p. 11; *Taḥrîr-i Târîkh-i Waṣṣâf*, p. 1.

지지를 받아 차기 대칸이 될 가능성은 희박해 보였다. 오히려 자신이 쿠릴타이에 참석한다면 그것은 곧 아릭 부케의 즉위를 합법화시켜주는 데에 일조하는 결과가 될지도 모를 일이었다. 따라서 그에게 남은 선택은 단 한 가지, 즉 자신의 지지자들을 불러모아 자신의 막부가 있는 개평에서 독자적인 쿠릴타이를 개최하여 스스로 대칸을 선언하는 것뿐이었다.

쿠빌라이의 이러한 행동은 칭기스 칸이 제국을 건설한 이후 초유의 현상이었다. 그것은 당시 몽골귀족들이 인정하던 모든 관례와 규범을 무너뜨린 폭거였다. 그는 대칸 뭉케의 장례식에 참석하지도 않았을 뿐 아니라, 동서의 제왕·부마들에게 쿠릴타이의 소집을 공히 알리지도 않은 채, 몽골 본토가 아니라 제국의 중심과는 거리가 먼 내몽골에서 독자적인 대회를 열었던 것이다. 그가 일으킨 이 '정변'에 동참한 사람들은 과연 누구였을까. 여기서 우리는 쿠빌라이와 아릭 부케 두 사람이 별도로 개최한 쿠릴타이에 참석한 인물들을 분석하여 당시 여론의 향배를 살펴볼 필요가 있다.

1260년 5월 5일 개평에서 개최된 쿠빌라이 측 쿠릴타이와 그 직후 카라코룸 부근에서 개최된 아릭 부케 측 쿠릴타이에 참석한 인물들에 관해서는 『집사』의 기록이 가장 자세하다. 이를 중심으로 『원사』의 기록을 보충해 보면 아래 〈표 1〉과 같은 명단을 얻을 수 있다. 물론 이 명단이 양측 쿠릴타이의 참석자 대부분을 보여준다고 말하기는 어렵다.[51] 특히 『집사』와 『원사』 모두 아릭 부케를 '반역자'로 규정하고 있기 때문에 그를 지지한 사람들의 누락이 심한 것은 충분히 예상할 수

51. 예를 들어 차가타이의 아들인 무에투켄의 아들인 부리의 아들들인 아지키와 아비시카는 이 명단에서 빠져 있으나, 쿠빌라이가 즉위 직후 이들을 차가타이 울루스로 파견한 것으로 보아 개평 쿠릴타이에 있었던 것으로 추정된다. 『集史』는 우구데이 카안의 계보에 관한 설명에서 아지키가 차가타이 울루스로 가다가 아릭 부케 측에 붙잡혀 아수타이에게 처형당한 것으로 기록했지만, 뒤에서는 다시 아지키가 아니라 아비시카가 처형된 것으로 기록하고 있다.

〈표 1〉『집사』와 『원사』에 기재된 1260년 카라코룸·개평 쿠릴타이 참석자 명단[52]

	카라코룸	개평
우익제왕(右翼諸王)	(주치계) 우두르의 아들 카라차르 (차가타이계) 카라 훌레구의 미망인 오르가나, 차가타이의 손자 알구 (우구데이계) 칭 테무르의 동생 이수, 예케 카단의 아들들인 쿠룸시와 아지키 (톨루이계) 뭉케의 아들들인 아수타이와 우룽타시	(차가타이계) 나린 카단 (우구데이계) 우구데이의 아들 예케 카단, 쿠텐의 아들 칭 티무르
우익대신(右翼大臣)	알람다르 도르지	
좌익대신(左翼大臣)		(잘라이르부) 쿠룸시 (옹기라트부) 나친 쿠레겐 (이키레스부) 데레게이 쿠레겐 (술두스부) 보르차 (후신부) 에질 (기타) 2인의 타르칸
좌익제왕(左翼諸王)	(옷치긴계) 타가차르의 아들 나이마다이 (벨구테이계) 한 아들	(주치 카사르계) 이숭게/也先哥 (카치운계) 홀라쿠르/忽剌忽兒 (옷치긴계) 타가차르/塔察兒 (벨구테이계) 자우투/爪都

* 나린 카단: 차가타이의 아들 이순 토아의 아들 바사르의 아들 악크 부카의 아들.

있다. 따라서 위의 명단에서 수적으로 쿠빌라이 측이 더 많다고 해서 실제로 참석자도 더 많았다고 생각해서는 안 될 것이다.

이러한 문제점에도 불구하고 위의 명단에서 우리는 한 가지 중요한 사실을 발견할 수 있다. 양측의 쿠릴타이가 좌익 대 우익의 양상을 보이고 있다는 점이다. 우선 제왕들에 대해서 살펴보면, 개평 쿠릴타이

52. 한글로 표기된 이름은 『集史』에, 한자로 표기된 이름은 『元史』「世祖·一」(卷4, p. 63)에 보이는 것이고, 양쪽에서 모두 보이는 경우에는 "-/-"로 표시했다. 杉山正明, 「クビライ政權と東方三王家」, p. 300의 표도 참조하시오. Boyle의 영역본(p. 251)에 보이는 명단에는 사본의 문제 때문에 부정확함이 보여, 본고에서는 Rashid/RK, 200v를 근거로 삼았음을 밝혀둔다.

에는 좌익에 속하는 동방 삼왕가의 맹주들이 모두 참석한 반면, 카라코룸 쿠릴타이에는 타가차르의 아들 나이마다이와 벨구테이의 한 아들만 언급되어 있을 뿐이다. 반면 우익의 경우 카라코룸 쿠릴타이에는 사망한 뭉케의 두 아들을 비롯하여 차가타이 가(家)를 대표하던 오르가나의 이름이 보이며, 멀리 주치 가에 속하는 카라차르(Qarachar)[53]도 참석했다. 위의 명단에는 빠져 있으나 후일 아릭 부케 휘하의 일군(一軍)을 지휘한 훌레구의 장자인 줌쿠르, 쿠빌라이에게 반기를 든 카이두 등도 아릭 부케를 지지했던 것으로 추정된다. 뿐만 아니라 와싸프는 뭉케의 큰 부인이자 발투(Baltu)의 모친인 쿠툭타이(Qutuqtai), 제왕들 가운데에는 아수타이와 투랄타시(Turaltash)와 시리기(Shirigi), 차가타이의 후손들 일부, 우구데이의 아들인 쿨겐(Kölgen)의 아들 아룩타이 오굴(Aruqtai Oghul) 등이 카라코룸 쿠릴타이에 참석했다고 기록하여, 우익 왕가의 주요 제왕들이 대거 참석했음을 보여주었다.[54] 이러한 좌우익 분열현상은 대신들의 경우에도 분명히 발견된다. 잘라이르 부(部)의 무칼리 가(家)를 수반으로 하는 오부족 가운데 삼부족의 대표들이 쿠빌라이를 지지한 것으로 나타나고 있다. 라시드 앗 딘은 우익 대신들이 모두 개평 쿠릴타이에 참석했다고 한 반면, 카라코룸 쿠릴타이에 참석한 대신들은 좌우익을 막론하고 한 사람도 기재하지 않았다. 그러나 당시의 지리적 여건이나 군사적 배치로 볼 때 대부분의 우익 대신들은 사실상 개평이 아니라 카라코룸으로 갔다고 보는 것이 타당할 것이다. 실제로 아릭 부케를 지지했다가 그가 투항한 뒤 쿠빌라이에 의해 처형

53. 카라차르는 주치의 아들 Udur의 아들이다(『칸의 후예들』, p. 176; Rashid/RK, 162v; Rashid/Boyle, p. 115). Rashid/RK(200v)에는 그가 AWRDH(= Orda)의 아들로 되어 있는데, 이는 AWDWR을 잘못 베낀 것으로 보아야 할 것이다(cf. Rashid/Boyle, p. 253). 屠寄는 『蒙兀兒史記』(卷74, 「阿里不哥傳」, p. 493)에서 『元史』(卷107 「宗室世界表」, p. 2716)에 근거하여 그를 뭉케의 아들 哈剌察兒로 보았으나 수긍하기 어려운 견해이다.

54. *Târîkh-i Waṣṣâf*, p. 11; *Taḥrîr-i Târîkh-i Waṣṣâf*, p. 1.

된 10명의 대신들도 카라코룸 쿠릴타이에 참석했을 가능성이 높다.

이처럼 양측의 쿠릴타이 참석자들이 좌우익으로 양분되는 현상을 어떻게 설명할 수 있을까. 이 의문과 관련하여 한 가족 안에서도 서로 다른 후보를 지지했던 흥미로운 사실은 우리에게 시사점을 던져주고 있다. 즉 위의 표에서도 드러나듯이 타가차르와 나이마다이 부자, 에케 카단과 그의 두 아들인 아지키와 쿠룸시, 칭 테무르와 이수 형제는 각기 다른 후보를 지지했는데, 이러한 결과가 그들 사이의 상이한 정치적 입장에서 비롯되었을 가능성도 배제할 수는 없겠지만, 그보다는 차라리 쿠릴타이가 열리는 시점에 그들이 개평과 카라코룸에 각기 떨어져 있어 서로 의견을 조율할 사이도 없이 정치적 입장을 표명할 수밖에 없었기 때문이라고 보는 것이 더 자연스러울 듯하다. 당시 급박하게 돌아가던 상황을 생각해 보면 충분히 가능한 일이라고 할 수 있다. 이렇게 볼 때 두 명의 대칸 후보들의 지지는 제왕·대신들의 정치적 견해는 물론이지만 지리적인 여건도 적지 않은 변수로 작용했음을 추측할 수 있다.

대칸 후보에 대한 지지의 이유나 배경이 무엇이건, 이 같은 좌우익 분열 현상은 쿠빌라이와 아릭 부케 양자의 대결에서 어떠한 의미를 지니는 것일까. 스기야마 마사아키(杉山正明)는 좌익군에 소속되어 있던 동방 삼왕가와 오부족의 군대야말로 쿠빌라이의 집권을 가능케 한 군사력의 근간을 이루었다고 주장[55]한 바 있는데, 여기서 필자가 주목하고자 하는 점은 대칸의 계승에 있어 이 같은 좌·우익의 대립이 어떤 의미를 지니는가 하는 것이다. 칭기스 칸 사후 대칸의 자리가 우구데이, 구육, 뭉케로 이어지면서, 동방 삼왕가가 후계자 선정에 개입할 여지는 점차 줄어졌고, 마지막까지 미련을 버리지 못했던 옷치긴이 구육에 의해 처형됨으로써 그들의 영향력은 사실상 크게 약화되어 버렸다.

---

55. 「クビライ政権と東方三王家」, pp. 296-302.

즉 칭기스 칸의 여러 형제들로 이루어진 좌익보다는 여러 아들들의 울루스인 우익에서의 여론의 향배가 대칸의 선출에 더 결정적인 요소로 작용하게 된 것이다.

우익에 속하는 네 아들의 가문 중에서도 큰아들 주치 가문과 막내아들 톨루이 가문의 입장이 가장 중요했다. 그 까닭은 구육 사후 벌어진 계승분쟁의 결과 둘째 아들 차가타이 가문과 셋째 아들 우구데이 가문은 철저하게 탄압을 받았기 때문이다.[56] 그런 의미에서 톨루이 가문에서 뭉케의 두 아들인 아수타이와 우룽타시, 훌레구의 장자인 줌쿠르, 주치가문에서 우두르의 아들 카라차르 등이 아릭 부케를 지지하는 쿠릴타이에 참석했다는 사실은 주목할 만하다. 당시 주치 울루스의 대표격이었던 베르케가 킵차크 초원에 있었기 때문에 직접 오지는 못했지만, 아릭 부케를 지원했음은 그가 아릭 부케의 이름을 새긴 화폐를 주조한 사실을 통해서도 확인된다.[57] 훌레구는 후일 쿠빌라이에 대한 지지를 분명히 했지만, 이 시점에서 그의 입장이 어떠했는지는 알 수 없다. 다만 큰아들 줌쿠르가 아릭 부케를 지지한 것은 확실한데, 그것도 당시 그가 카라코룸 부근에 있었기 때문에 자신의 의지와 무관하게 그렇게 된 것인지, 아니면 평소 부친의 입장을 헤아려서 그런 것인지, 그것도 아니면 자신의 독자적인 결정이었는지 확인할 길은 없다. 아무튼 훌레구는 두 개의 쿠릴타이가 열리던 1260년의 시점에서는 확실한 태도표명을 하지 않았고, 아마 최종적인 승자가 나올 때까지 "기다리는 게임"(waiting game)을 하고 있었을 가능성이 높다.[58] 뭉케 재위 시 서아시아 지역에서 주조된 화폐에는 뭉케의 이름이 분명히 새겨져 있

---

56. 이에 대해서는 필자의 「구육(定宗)과 그의 時代」, 『近世 東아시아의 國家와 社會』 (서울대학교 東洋史學研究室 編; 지식산업사, 1998), pp. 87-132.

57. Jackson, "The Dissolution of the Mongol Empire," p. 228; Allsen, *Culture and Conquest in Mongol Eurasia*, p. 56.

58. Jackson, "The Dissolution of the Mongol Empire," p. 230.

었지만, 그의 사후 훌레구가 발행한 화폐에는 새로운 카안의 이름이 없이 단지 "가장 위대한 카안"이라는 구절만 새겨진 것도 당시 훌레구의 불투명한 입장을 반영하는 것으로 보인다.[59]

이렇게 볼 때 이유와 과정이 무엇이건 당시 몽골귀족들, 특히 대칸 선출에 직접적인 영향력을 발휘하는 우익제왕들의 여론은 쿠빌라이보다는 비교적 아릭 부케 쪽으로 더 기울어져 있었던 것으로 보인다. 아릭 부케가 몽골·탕쿠트·북중국 등지에 칙령(yarliq)을 보내 "훌레구와 베르케와 다른 제왕들이 나를 카안의 자리에 추대키로 합의했다"는 "소문"(âvâza)을 퍼뜨렸다는 『집사』의 기록[60]도 이 같은 사실의 일면을 반영한다고 볼 수 있다. 더구나 아릭 부케의 그 같은 주장이 정략적인 '선전(宣傳)'이 아님은 「고창설씨전(高昌偰氏傳)」에 "아릭 부케가 보좌를 넘보자 제왕들 다수가 그를 추종했다. [타가차르] 왕도 역시 진퇴를 결정치 못하고 주저했다."는 구절에서도 확인할 수 있다.[61] 그러자 당시 조어산에 있던 타가차르의 왕부(王傅) 사르기스(Sargis, 撒吉思)는 그에게 달려가 왜 쿠빌라이를 지지해야 하는지를 역설했고, 이를 받아들인 타가차르는 비로소 입장을 분명히 정리하게 된 것이다. 사르기스는 일찍이 옷치긴이 죽은 뒤 타가차르가 그 지위를 계승하는 데에 결정적인 역할을 했기 때문에 타가차르로서는 귀를 기울일 수밖에 없는 인물이었을 뿐만 아니라, 뭉케 사망 직후 사천·섬서 등지의 군사적 상황을 일목요연하게 꿰뚫고 있었기 때문에 그의 주장은 타가차르의 마음을 움직일 수 있었던 것이다.[62] 타가차르의 선회로 동방

---

59. M. A. Seifeddin, *Monetnoe delo i denezhnoe obrashchenie v Azerbaidzhane XII-XV vv.*, vol. 1 (Baku: Izd. 'Elm', 1978), pp. 167-85.
60. Rashid/Boyle, p. 251.
61. 『圭齋文集』 卷11.
62. 杉山正明, 「クビライ政權と東方三王家」, pp. 292-96. 杉山은 타가차르가 쿠빌라이 지지로 선회하게 된 원인으로 (1) 뭉케와의 알력(그 대신들이 아릭 부케를 지지했기 때문에 아릭 부케 집권 시 정치적 탄압을 우려), (2) 당시의 정세에 대한 정치적 판단, (3) 쿠빌라이와 동방삼왕가 사이의 친근성 등을 지적했다.

삼왕가의 입장은 굳어지게 되었지만, 위의 사례는 아릭 부케의 명분론적 우위, 우익 제왕들의 압도적인 지지를 의식한 좌익 측에서도 동요가 있었음을 보여준다.

쿠빌라이는 타가차르를 비롯한 좌익제왕들을 끌어들임으로써 최소한의 체면은 유지할 수 있게 되었지만, 많은 몽골귀족들은 여전히 그것을 받아들이기 어려웠다. 따라서 쿠빌라이에게 남은 마지막 방법은 무력으로 그들을 제압하여 자신의 즉위를 현실로 받아들이도록 하는 것뿐이었고, 그것은 결국 양측의 군사력의 대결을 통해서 결판날 수밖에 없었다.

Ⅲ. 내전의 시말

1. 전격전

뭉케가 남송 정벌을 결의하고 휘하의 몽골군을 좌우 양익으로 나누어 편성했을 때, 좌익의 통수권은 타가차르에게 위임하고 우익은 자신이 직접 지휘했음은 앞에서 언급한 바이다. 여기서는 먼저 『집사』의 기록을 토대로 〈표 2〉와 같은 리스트를 만들 수 있는데, 이를 근거로 좌우 양익군의 구성을 살펴보도록 하자. 라시드 앗 딘은 뭉케가 지휘하는 우익 군단에는 위에 열거된 제왕・대신 휘하의 군대 이외에, 키타이・탕쿠트・주르체・솔랑가 등의 집단에서 차출된 자우쿠트(Jauqut) 군도 포함되어 있었으며, 그 숫자를 모두 합하면 60 tümen(萬)에 이른다고 하였다. 반면 타가차르가 지휘하는 좌익 군단의 숫자는 모두 30 tümen 이었다고 하였다.[1]

과연 남벌군의 좌우 양익군의 숫자가 '30만'과 '60만'이나 되었을까. 아무래도 실수(實數)로 받아들이기는 어려워 보인다. 칭기스 칸 사망시 자제들에게 물려준 몽골제국의 총병력이 12만 9,000호이며, 설령

---

1. Rashid/Boyle, p. 225.

1개의 1,000호에서 1,000명의 병사가 차출된다고 가정해도 12만 9,000명에 불과했다. 그 후 아무리 병사의 수가 증가하고 한인만호(漢人萬戶)들이 추가되었다고 해도 불과 30년 만에 100만에 육박하는 대군으로 늘어났다고는 상상하기 힘들다. 그러나 여기서 우리가 주의해야 할 점은 『집사』에 기록된 tümen은 '만(萬)'을 의미하는 수사이지만 동시에 '만호(萬戶)'를 의미하기도 하며, 그것이 반드시 1만 명의 병사를 지칭하는 것은 아니라는 사실이다. 『원사(元史)』에 의하면 만호는 3종류로 나뉘어, 상(上)만호는 7,000명 이상, 중(中)만호는 5,000명 이상, 하(下)만호는 3,000명 이상을 관할하였다고 한다.[2] 중국 측 기록에 뭉케가 육반산에 주둔할 때의 병력수를 "군사만 호십만(軍四萬 號十萬)"[3]이라고 한 구절은 바로 이런 문맥에서 이해할 수 있다. 즉 10만(tümen)을 칭했으나 실제 병력수는 4만 명에 불과했으니, 1 tümen 평균 4,000명에 해당되는 셈이다. 당시 성도(成都)에서 작전하던 니우린(紐璘)도 휘하에 1만 5,000명의 병력밖에 없었지만 "호오만(號五萬)"했다는 기사[4]는 1 tümen 평균 3,000명 남짓이었음을 보여준다. 이렇게 볼 때 『집사』의 60 tümen은 20만 명 내외로 계산되며, 이를 한문사료의 용법으로 표현하자면 "군이십만 호육십만(軍二十萬 號六十萬)"이 될 것이다.

또 한 가지 우리가 주의해야 할 점은 라시드 앗 딘이 60이니 30이니 하는 tümen의 숫자를 자의적으로 적어놓은 것이 아니라는 사실이다. 예를 들어 『집사』에는 뭉케가 타가차르를 좌익군 사령관으로 임명할 때 자우쿠트 군 10 tümen을 그에게 덧붙여 주었다는 기사가 보이는데, 타가차르가 경질될 때 쿠빌라이는 자우쿠트 10 tümen을 그에게서 물려받았고 자기 직속의 1 tümen과 함께 남송(南宋) 원정을 시작했다고 한다. 그러나 악주(鄂州) 공략전에서 [자우쿠트] 10 tümen 가운데 8 tümen

2. 卷91「百官・七」, pp. 2310-11.
3. 『元史』 卷3「憲宗紀」, p. 51.
4. 『元史』 卷129「紐璘傳」, pp. 3144-45.

이 전사하고 2 tümen밖에 남지 않게 되었고, 아릭 부케와의 대결을 앞두고 그가 1 tümen의 직속군을 데리고 북상 회군할 때에는 살아남은 이 2 tümen과 우량카다이가 운남에서 이끌고 온 3 tümen, 즉 도합 5 tümen을 악주에 남겨두었다고 기록되어 있다.[5] 이렇게 볼 때 좌익군의 수적인 구성에 관한 한 『집사』의 기록은 수미일관한 셈이다. 따라서 『집사』의 '60 tümen'과 '30 tümen'의 병력수를 정확히 말하기는 어려우나, 앞의 예들로 볼 때 우익군은 20만 명, 좌익군은 10만 명 내외로 추정되며,[6] 그가 제시한 좌우 양익군의 수적 비율도 상당히 신빙성이 있음을 알 수 있다. 즉 우익군이 좌익군에 비해 2배나 많은 숫자였던 셈인데, 이는 우익군을 대칸 자신이 직접 지휘했다는 사실을 생각하면 그리 이상한 일은 아니다.

〈표 2〉 뭉케 남벌군의 구성[7]

	우익(60 tümen)	좌익(30 tümen)
諸王	(우구데이계) [예케] 카단, 토탁 (차가타이계) 쿠시카와 다른 왕자들 (톨루이계) 무게, 아수타이 (조카들 지파) 자우투와 다른 왕자들	(옷치긴계) 타가차르 (주치 카사르계) 이숭게 (카치운계) 알치다이 노얀의 아들 차쿨라
大臣	코르치 노얀의 후손들, 발칙(Balchiq, 八里赤)	(잘라이르부) 무칼리 구양의 아들 쿠룸시 (옹기라트부) 알치 노얀 (우루우트부) 케흐티, 부지르 (망우트부) 뭉케 칼자, 차간 노얀

5. Rashid/Boyle, pp. 226-27.
6. T. A. Allsen은 90 tümen의 실제 숫자를 많아야 50만 명 정도로 추산했는데 이는 비전투요원까지 포함했을 경우이고, 실제로 뭉케 치세 말기에 동아시아 지역에서 동원될 수 있는 전투병력의 총수는 20만 명 정도였을 것으로 추정했다. *Mongol Imperialism*, pp. 198-200.
7. Rashid/RK, 194r-194v; Rashid/Boyle, pp. 224-25.

그러면 좌우익 군대의 구성은 어떠한가. 우선 좌익군의 경우 위의 표에서 드러나듯이 Ⓐ 타가차르 휘하의 동방 삼왕가의 몽골군과 Ⓑ 오부족 소속의 몽골군이 근간을 이루고, 여기에 전술한 Ⓒ 10 tümen의 자우쿠트 군이 추가되었다. 그렇다면 뭉케의 명령에 의해 통수권을 위임받은 쿠빌라이는 이 세 집단을 모두 물려받았을까. 이와 관련하여 스기야마 마사아키는 원래 타가차르 휘하에 있어야 할 오부족의 수령들 가운데 일부가 후일 조어산에서 작전하고 있음을 보여주는 자료를 근거로, 뭉케가 통수권을 쿠빌라이에게 위임할 때 오부족군을 좌익에서 떼어내 자기 휘하의 본대에 합류시킨 듯하다고 추정한 바 있다.[8] 그의 추정은 앞서 언급한 『집사』의 기사를 통해서도 입증된다. 쿠빌라이가 통수권을 위임받고 남하할 때 그의 휘하에는 직속군 1 tümen과 자우쿠트 군 10 tümen이 전부였다. 따라서 1259년 뭉케 사망 시 좌익군의 규모는 거의 2/3로 축소되어, 악주전에 투입된 쿠빌라이 휘하의 11 tümen과 타가차르 휘하의 동방삼왕가 몽골군이 전부였던 것이다. 여기에 운남에서 올라온 Ⓓ 우량카다이가 이끄는 3 tümen이 악주에서 합류했다. 그러나 자우쿠트 군 10 tümen 가운데 8 tümen이 진몰(陣沒)하고 쿠빌라이가 북상한 뒤 악주에는 5 tümen밖에 남지 않았으며, 이들은 곧 쿠빌라이의 뒤를 따라 북으로 돌아갔다.

그러면 우익군은 어떠했는가. 위에서 제시된 표에 의하면 그것은 ⓐ 뭉케 카안 직속의 중군(中軍), ⓑ 차가타이·우구데이·톨루이 가문 소속의 몽골군이 주력을 이루었던 것으로 보이며, 여기에 ⓒ 북중국 각지에서 차출된 한군(漢軍)들로 구성되어 있었던 것으로 보인다. ⓐ에는 대칸 직속의 케식(親衛)과 몽골에서 좌우 양익으로 나뉘어 분

---

8. 「クビライ政權と東方三王家」, pp. 283-84. 다만 잘라이르部의 경우, 무칼리의 동생인 다이순(Daisun, 帶孫) 가문에 속하는 타타르타이(塔塔兒台)가 뭉케의 靈駕를 호위하고 북으로 돌아갔다는 기사 등을 근거로, 잘라이르 부족군이 둘로 나뉘어 배치되었던 것으로 추정했다.

포했던 중앙군(ghol-un ulus, 칭기스 칸 사망 시 101개 천호)의 상당수가 포함되었을 것이다. 이 가운데 오부족군은 처음에 타가차르에게 배속되었지만 후일 다시 뭉케 휘하의 본대로 이전되었기 때문에, 중앙군의 거의 전부가 뭉케 휘하에 배치되었다고 보아도 크게 틀리지는 않을 것이다. ⓑ에 속하는 병력의 숫자는 알 수 없으나, 칭기스 칸 사망 시 차가타이와 우구데이에게 각각 4개 천호가 분여(分與)되었다는 『집사』의 기록을 문자 그대로 믿지는 않는다고 하더라도 ⓐ에 비해서는 훨씬 적은 숫자였음은 분명하다. ⓒ의 경우 그 정확한 숫자는 역시 확인하기 어려우나 상당한 규모에 이르렀을 것으로 보인다. 왜냐하면 뭉케 휘하에는 주로 감숙(甘肅)·섬서(陝西)·산서(山西)·하동(河東) 방면의 한인(漢人) 세후(世侯)들의 군대가 편입되었는데, 이 가운데에는 사천택(史天澤)·장유(張柔)·동준(董俊)·엄실(嚴實) 등이 파견한 한군이 있고, 이주(利州)에는 왕덕신(汪德臣)·조아가반(趙阿哥潘)·이홀란길(李忽蘭吉) 등의 수비대가 있었으며, 성도(成都)에는 유흑마(劉黑馬)의 유수부대(留守部隊)가 있었기 때문이다.[9]

이상에서 살펴본 바와 같이 뭉케의 남송원정을 구성했던 양익군의 분포는 2:1의 비율로 우익군이 압도적으로 많았으며, 1259년 좌익 통수권이 쿠빌라이로 이양된 뒤에는 그 불균형이 더욱 심해졌다. 그러나 뭉케의 급작스러운 사망은 이러한 구도에 커다란 변화를 가져왔다. 즉 우익군의 제왕과 장군들 대부분은 대칸의 유해를 모시고 몽골로 북환(北還)했지만,[10] 한인 세후들의 군대는 본래의 거점이 있는 북중국으로 돌아갔고, 오부족군 역시 내몽골 초원으로 귀환했다. 그러나 여전히 많은 수의 몽골군과 한군이 섬서·사천 등지에 흩어져 있었고, 이들 '잔류부대' 가운데 소수는 쿠빌라이 쪽에 기울거나 관망의 자세를 취

---

9. 陳世松 等, 『宋元戰爭史』(成都: 四川省社會科學院出版社, 1988), p. 134; 池內功, 「フビライ政權の成立とフビライ麾下の漢軍」, 『東洋史硏究』 43-2(1984), pp. 5-6.
10. 『元史』 卷136 「阿沙不花傳」, p. 3296 ("聞憲宗崩 諸將皆還").

했지만 상당수는 반(反)쿠빌라이의 입장을 분명히 하고 있었다.

1260년 5월 쿠빌라이가 개평에서 즉위할 때 그의 휘하에는 동방 삼왕가와 오부족에 소속된 몽골군, 그리고 한인 세후들이 이끄는 한군 등, 사실상 뭉케 남벌군 가운데 처음에 타가차르가 지휘하던 좌익 전체가 들어와 있었다. 반면 아릭 부케 휘하에는 남벌군의 우익 가운데 북환한 몽골군(中央軍과 西方王家軍)이 있었고, 이 밖에 사천·섬서 등지의 '잔류부대'의 지지도 받고 있었다. 물론 북중국에서 오랜 전투의 경험을 지닌 오부족군과 내적 결속력이 강한 동방삼왕가의 군대가 쿠빌라이 진영으로 넘어간 것은 사실이지만, 아릭 부케의 휘하에는 오부족군을 제외한 중앙군 전체가 있었고 특히 뭉케 직속의 친위군이 있었다. 이렇게 볼 때 1260년 봄 아릭 부케와 쿠빌라이가 각자 쿠릴타이를 열고 대칸을 칭했을 때, 양측을 지지하던 군사력에 대해서 어느 한쪽이 압도적인 우세였다고 말하기는 힘들 것이다.

차라리 불안을 느낀 쪽은 쿠빌라이였을 것이다. 그는 멀리 카라코룸에 떨어져 있는 아릭 부케를 쉽게 공략할 처지가 아니었지만, 아릭 부케를 지지하며 그를 위협하는 세력은 바로 그의 코앞에 있었기 때문이다. 앞서 언급한 '잔류부대'는 섬서·사천 등지에 넓게 포진해 있었고 만일 이들이 기습적인 동진을 감행할 경우, 자신의 근거지인 연경과 개평의 안전은 보장받기 어려웠다. 이러한 사정은 뭉케 사망 직후 정세를 살펴보라는 쿠빌라이의 지시를 받은 염희헌(廉希憲)의 다음과 같은 보고에서도 잘 드러나고 있다.

> 유태평(劉太平)과 쿠루카이(霍魯海)는 관우(關右=西安)에 있고, 쿤두카이(渾都海)는 육반(六盤)에 있으며, 정남(征南) 제군(諸軍)은 진(秦)·촉(蜀) 등지에 산처(散處)해 있습니다. 유태평이 제장(諸將)들과 연결하려고 하는데, 그 성품이 험사(險詐)하여, 평소 전하(殿下)의 영무(英武)함을 두려워하기는 하지만, 만약 관중(關中)의 형세에 의존하여 이모(異謀)를 갖는다면 점차 통제하기 어려워질 것입니다. 마땅히 조량필(趙良弼)을 보내 상황을 살피게 해야 할 것입니다.[11]

쿠빌라이는 그의 말에 따라 조량필을 섬서・사천 등지의 정세를 살피게 했는데, 그는 돌아와서 다음과 같이 보고했다.

> 쿤두카이(渾都海)는 육반(六盤)에 주둔하고 있는데 군사와 마필이 강력하며 모두 북으로 돌아갈 생각을 하고 있으니 불의의 사태가 일어나지 않을까 걱정됩니다. 니우린(紐璘)은 섬서・사천의 몽골 제군(諸軍)을 총괄하고 있는데 섬서・사천의 민심을 많이 얻고 있습니다. 나이가 젊고 용맹하나 거취가 가벼우니, 마땅히 중직(重職)으로써 은총을 내려서 신속히 그 병권을 제거해야 할 것입니다. 유태평과 쿠루카이는 지금 행상서성사(行尙書省事)를 맡아서 겉으로는 군대의 양식을 모은다고 말하면서 은밀히 섬서・사천에 반거(盤據)하려고 합니다. 백가노(百家奴)와 유흑마, 왕유정(汪惟正) 형제는 [폐하의] 은덕을 입었기 때문에 모두 마음을 다해 명령을 기다리고 있습니다.[12]

위의 두 인용문은 당시 뭉케 휘하의 우익군 가운데 잔류부대의 분포와 그 지휘관들의 향배(向背)에 대해서 비교적 정확한 내용을 전하고 있다. 이를 중심으로 섬서(陝西)・사천(四川)・하남(河南) 등지에 주둔해 있던 몽골군・한군의 분포를 정리해 보면, Ⓐ 육반산의 쿤두카이(渾都海), Ⓑ 서천(西川)의 니우린, Ⓒ 경조(京兆)의 유태평과 쿠루카이(霍魯海), Ⓓ 성도(成都)의 멜릭 호자(明理火者, 密里火者)・유흑마・백가노(百家奴), Ⓔ 공창(鞏昌)의 왕덕신・양신(良臣)・유정(惟正) 형제, Ⓕ 동천(東川) 청거(靑居)의 키타이 부카(乞台不花, 乞帶不花) 등을 확인할 수 있다.

이 가운데에서 쿠빌라이 측이 가장 우려했던 세력은 쿤두카이였다. 뭉케는 일찍이 육반산에서 사천으로 내려가면서 그에게 2만 명의 기병을 주어 그곳을 지키게 했으며,[13] 그 병사들은 "군사와 마필이 강력"하다는 조량필의 보고대로 몽골의 정예기병들이었던 것으로 보인다.

---

11. 『元史』 卷126 「廉希憲傳」, p. 3086.
12. 『元史』 卷159 「趙良弼傳」, p. 3744.
13. 『元史』 卷155 「汪惟正傳」, p. 3655.

1260년 夏五月 적의 동향을 살피러 경조로 온 상정(商挺)이 염희헌에게 육반에 주둔하는 쿤두카이가 취할 수 있는 세 가지 방책으로서, ① 상책: 동진하여 경조를 치는 것, ② 중책: 육반에 그대로 머무르는 것, ③ 하책: 카라코룸으로 북귀(北歸)하는 것 등을 열거했다.[14] 상정은 쿤두카이가 하책을 선택할 것으로 예상했으나, 동진의 가능성도 배제할 수는 없는 노릇이었다. 만약 그가 경조로 와 유태평 등과 연합한다면 반 쿠빌라이 세력은 북중국 서부에 거대하게 자리 잡게 되고 이를 제어하기가 매우 어려워지리라는 것은 분명했다.

또한 키타이 부카와 멜릭 호자 역시 반 쿠빌라이파로 분류될 수 있는 인물이었고, 유태평과 쿠루카이도 어느 정도 관망하는 태도를 취하고 있었지만 아릭 부케 쪽으로 기울고 있었다. 또 다른 위험인물은 니우린이었다. 살지우트 부(部) 출신인 그는 1257년 조어산에서 출발해 나아가 남송의 장군 유정(劉整)의 강력한 저항을 물리치고 성도를 함락시켜 용맹을 날렸다. 당시 그의 휘하에는 2만 명의 병력이 있었는데, 5,000명을 바얀 바투르(Bayan Batur, 拜延八都魯) 등에게 주어 성도를 수비시킨 뒤, 자신은 1만 5,000명의 보병과 기병을 이끌고 마호강(馬湖江)을 따라 중경을 공략하고 부주(涪州)에 주둔하고 있었다.[15] 그러나 쿠빌라이 측은 그를 회유의 가능성이 있는 인물로 파악했다. 이 밖에 성도의 유흑마와 백가노, 공창의 왕덕신 형제는 친 쿠빌라이파로 분류되었고, 백가노는 야율독화(耶律禿花)의 손자로서 거란인이었으며,[16] 나머지는 모두 한인이었다.

이렇게 당시 사천과 섬서에 잔류하던 우익군은 형제간의 계승분쟁에 대해서 일치된 입장을 보인 것은 아니었다. 주장(主將)들은 대체로 아릭 부케 쪽으로 기울고 있었지만 그 휘하의 한인 부장(副將)들은 쿠

14. 『元史』 卷159 「商挺傳」, p. 3739.
15. 『元史』 卷129 「紐璘傳」, pp. 3143-45.
16. 『元史』 卷149 「耶律禿花傳」, p. 3532.

빌라이를 지지했고, 또 일부 몽골 지휘관들은 관망의 자세를 취하고 있는 상황이었다. 조량필의 보고는 당시 이러한 상황을 정확하게 파악하고 만약 신속한 조치를 취한다면 반 쿠빌라이 전선을 붕괴시킬 수 있다는 희망을 보여준 것이었다. 적진을 와해시키기 위해 쿠빌라이가 취할 수 있는 전략은 두 가지였다. 하나는 적의 허를 찌르는 전격전을 통해 자신의 반대세력을 제거하는 것이고, 또 하나는 관망파를 회유함으로써 적진의 분열을 꾀하는 것이었다. 몽골에 있는 아릭 부케를 처리하는 것은 그 다음 문제였다.

『원사』「세조기(世祖紀)」에 의하면 쿠빌라이는 즉위한 지 일주일 만인 5월 12일에 섬서(陝西)·사천등로(四川等路) 선무사(宣撫司)를 세우고 팔춘(八春)·염희헌·상정을 선무사(宣撫使)로 임명하고 조량필을 참의사사(參議司事)로 임명했다고 한다.[17] 이로부터 두 달 후인 7월 초에 십로선무사(十路宣撫司)를 세울 때 확인되듯이 선무사는 통상적으로 정·부 2인을 임명하는 것이 원칙이기 때문에, 이 경우 3인의 선무사를 임명한 것은 예외적이라고 할 수 있다. 쿠빌라이는 왜 이런 조치를 취한 것일까. 「조량필전(趙良弼傳)」에는 염희헌(위구르인)이 정사, 상정(한인)이 부사였으며, 팔춘(몽골인)이 단사관(斷事官)이었다는 기록이 보인다.[18] 즉 통상적인 정·부 2인의 선무사 이외에 팔춘이 추가로 임명된 셈인데, 단사관으로서 그의 임무는 바로 "절제제군(節制諸軍)" 즉 섬서·사천 지역의 군(軍)에 대한 지휘권의 장악이었다. 또한 그의 이름이 필두로 기록된 것으로 보아 그는 2인의 선무사의 상급자로서 그들을 감독하는 임무도 부여받았던 것이 아닌가 추측된다. 섬서·사천등로 선무사를 설치한 바로 같은 날 서경등처(西京等處) 선무사—정사 점합남합(粘合南合, 여진인), 부사 장계원(張啓元,

17. 卷4, 「世祖·一」, p. 63.
18. 『元史』 卷159 「趙良弼傳」, p. 3744.

한인)—를 설치한 까닭도 서부 지역에 반거하던 친 아릭 부케 세력의 군사적 위협에 대한 대응이었다.[19]

이렇게 해서 일단 서부 방위를 두텁게 한 쿠빌라이는 1260년 6월 8일 여러 도에서 차출한 6,500명의 병사를 개평으로 불러들여 숙위로 충당함으로써 신변의 안전을 도모한 뒤, 7월 8일에는 병력과 물자의 본격적인 충원을 위해 십로선무사를 세웠다. 그는 평양(平陽)·경조(京兆) 양로선무사(兩路宣撫司)에서 7,000명의 병사를 징발하여 연안(延安) 등지의 요충을 지키도록 하고, 제로(諸路)에서 3만 명의 군대를 차출하여 연경 부근에 주둔토록 하는 동시에, 공창의 왕량신(汪良臣)에게 섬서의 한군을 지휘하여 황하의 요해지(要害地)를 방어하도록 했다.[20] 물론 이러한 조치들은 쿤두카이 등 우익 잔류군들의 공격에 대비하여 자신의 근거지인 연경과 개평을 보호하고, 나아가 몽골 본토에 주둔하고 있는 아릭 부케 측과의 일전에 대비하기 위함이었다.

만일 우리가 『원사』의 기록을 그대로 믿는다면, 염희헌이 선무사로 임명되어 경조에 도착한 이후 반 쿠빌라이 세력에 대한 작전은 그야말로 전광석화처럼 진행되었다. 즉 유태평과 쿠루카이는 경조에서 체포·교살되었고, 성도의 멜릭 호자는 유흑마에게, 청거의 키타이 부카는 왕유정에게 주살되었다. 또한 서천의 니우린 역시 팔춘에게 포획되어 건주(乾州)에 투옥되고 말았다. 그런데 당시 군통수권을 부여받은 팔춘의 휘하에는 "촉 땅에서 수자리를 서던 졸개들(蜀卒更戍)"과 "민가에 남아있던 남자들(在家餘丁)"로 급조되어, "육반의 정예병(六盤兵精)"과는 비교도 안 되는 "훈련도 받지 못한(未經訓練)" 오합지졸들이 대부분이었다.[21] 또한 염희헌에게도 다수의 군대가 있었던 것으로

---

19. 牧野修二, 「十道宣撫司 — フビライ政權執權化の布石としての」, 『東洋史學』(九州大), 28(1965), pp. 46-53.
20. 『元史』 卷4 「世祖·一」, pp. 65-66.
21. 『元史』 卷126 「廉希憲傳」, pp. 3087-88.

보이지 않는다. 그렇다면 어떻게 반 쿠빌라이 세력은 저항조차 제대로 하지 못하고 일거에 무너지고 만 것일까.

영성한 사료의 기록만으로는 이 의문에 대해 만족할 만한 답을 찾기 어렵지만 대체로 다음 세 가지 요인이 작용하지 않았을까 추정된다. 첫째, 적을 무방비 상태로 만든 뒤 기습적인 공격을 감행한 것이다. 유태평과 쿠루카이가 체포된 것도 실은 그들이 쿤두카이와 상의하기 위해 육반산으로 가던 도중 조량필과 팔춘이 사신을 보내 쿠빌라이의 지(旨)를 칭하며 속히 경조로 돌아오라고 한 것을 그대로 믿고 왔다가 경조에서 체포된 것이었다. 만약 그렇지 않았다면 그들이 변변한 저항조차 못하고 붙잡혀 죽음을 당한 것을 이해하기 어려울 것이다.[22] 이렇게 볼 때 쿤두카이가 유태평·쿠루카이를 비롯하여 멜릭 호자와 키타이 부카 등과 긴밀히 연락하며 같은 날에 군사행동을 취하기로 약속했다는 『원사(元史)』의 기록[23]은 그를 급습하여 체포한 염희헌 등의 행동을 합리화하기 위한 것이 아닌가 의심스럽다. 둘째, 뭉케 휘하의 우익군 내에서 친 쿠빌라이 파 지휘관들을 활용한 것이다. 유흑마는 뭉케를 따라 사천에서 작전하다가 성도를 함락하는 데 공을 세운 인물로 멜릭 호자와 함께 성도에 주둔하던 지휘관이었다.[24] 청거에 주둔하던 키타이 부카를 주살한 왕유정도 부친 왕덕신을 따라 우익군의 일부로 활약하다가 부친 사망 후 작위를 물려받고 청거를 수비하던 인물이었다.[25] 이렇게 볼 때 그들은 각각 멜릭 호자(色目人)와 키타이 부카(몽골인)의 부장(副將)이었으나 염희헌 등과 밀통하여 주장(主將)을 체포한 것이다. 셋째, 관망파의 회유에 성공한 것이다. 이는 서천에 주둔하던 니우린의 경우가 대표적인데, 그는 비록 팔춘에 의해 체포되었지

---

22. 『元史』 卷159 「趙良弼傳」, p. 3744.
23. 같은 곳.
24. 『元史』 卷149 「劉黑馬傳」, p. 3518.
25. 『元史』 卷155 「汪惟正傳」, p. 3655.

만 곧 회유를 받고 입조(入朝)를 종용받았다. 니우린은 이를 받아들여 본거지 서천을 떠나 경수(涇水)를 거쳐 개평으로 갔고, 쿠빌라이는 그에게 호부(虎符)와 황금·백금·마필(馬匹) 등을 하사했던 것이다. 서천에 남아 니우린의 유수진(留守陣)을 지키던 오로관(奧魯官)과 장령(將領)들은 팔춘에게 제압되어, 결국 그곳의 용맹한 기병 수천 명은 팔춘의 휘하로 편입되었던 것이다.[26]

염희헌의 기습작전은 그가 5월 12일 섬서·사천등로의 선무사로 임명된 직후 계획되어 7월 11일 이전에는 종료된 것으로 보인다.[27] 일단 서부의 위협을 제거하는 데 성공한 쿠빌라이는 몽골의 아릭 부케를 급습하기 위한 준비에 들어갔다. 7월 11일에는 연경·서경·북경 등 삼로선무사(三路宣撫司)에게 지시를 내려 쌀 10만 석을 개평부(開平府)·무주(撫州)·사정(沙井)·정주(淨州)·어아락(魚兒濼) 등지로 운송토록 했고, 7월 28일에는 동평로(東平路) 만호(萬戶) 엄충제(嚴忠濟)에게 정병(精兵) 1만 5,000명을 데리고 개평으로 오도록 했으며, 8월 7일에는 십로선무사에 다시 명령을 내려 병사들에게 필요한 웃옷, 외투, 모자를 각각 1만 개씩 준비하여 개평으로 수송하라고 했다. 그로부터 사흘 뒤에는 다시 제로(諸路) 선무사(宣撫司)에 양털외투, 가죽모자, 바지, 구두 1만 개씩을 개평으로 보내도록 했다. 그리고 마침내 8월 18일에는 아릭 부케에 대한 친정(親征)을 감행키로 결정한 것이다.[28]

섬서·사천 등지에 있던 우익 잔류군의 붕괴는 분명 아릭 부케 측에 타격을 준 것은 사실이지만, 쿤두카이 휘하의 군대는 여전히 위협적이었다. 그는 쿠빌라이의 기습작전으로 육반산 본거지가 위협을 받게 되자 서쪽으로 이동하여 황하를 건너 감숙 지방으로 들어가서, 그

---

26. 『元史』 卷126 「廉希憲傳」, p. 3088; 卷129 「紐璘傳」, p. 3145; 卷131 「速哥傳」, p. 3182.
27. 『元史』 卷4 「世祖·一」, p. 66.
28. 『元史』 卷4 「世祖·一」, pp. 66-67.

곳을 새로운 근거지로 삼아 감숙·사천 등지의 잔류세력들과의 연결을 도모했다. 카라코룸에서 파견된 알람다르도 남하하여 쿤두카이와 합류했고 이들 연합군은 다시 동진을 시작했다. 이들이 회합한 지점은 서량부(西涼府 = 武威) 혹은 감주(甘州 = 張掖)라고도 하나, 당시 쿤두카이에 이끌려 동행했던 야율희량(耶律希亮) 모자가 카라코룸에서 남하한 알람다르를 언지산(焉支山)에서 만났다고 한 기록[29]이 가장 정확한 것으로 보인다. 언지산은 서량과 감주 사이에 위치한 산 이름이고, 그 위치로 볼 때 알람다르의 군대는 카라코룸에서 곧장 남하하여 거연하(居延河)를 따라 내려와 언지산에 도달했던 것으로 추정된다.

> 제장(諸將)들이 수세에 몰려 하우(河右)가 크게 떨었다. 서토(西土)의 친왕(親王) 지빅 테무르(Jibik Temür, 執畢帖木兒)[30]는 수레와 장비를 모두 잃고 감숙 지방에서 연명했다. 조정에서는 양천(兩川)을 포기하고 흥원(興元)으로 물러나 수비하자는 논의가 있었으나, 염희헌이 그 불가함을 극력 주장하여 [비로소 그 논의가] 그쳤다.[31]

이 기사는 쿤두카이·알람다르 연합군의 동남진(東南進)으로 말미암아 서량부를 근거지로 하던 우구데이 가(家)의 지빅 테무르(=칭 테무르)가 관중(關中)으로 밀려났고,[32] 쿠빌라이의 조정에서는 수세를 만회할 가능성이 희박하다고 판단하여 사천지방을 포기하고 대파산맥(大巴山脈) 이북의 흥원 즉 현재의 한중(漢中)으로 방어선을 후퇴하자는 논의까지 제기될 정도로 심각한 상황이었음을 말해준다.

쿠빌라이는 사태를 더 이상 방치할 수 없음을 깨닫고 총수 왕량신

---

29. 『元史』 卷180 「耶律希亮傳」, pp. 4159-60. Cf. 卷4 「世祖·一」, p. 68; 卷159 「商挺傳」, p. 3739.
30. 한문사료에는 只必帖木兒라고도 표기되는데, 『集史』의 諸寫本에는 Chîng Tîmûr로 표기되어 있다. 우구데이의 둘째 아들인 쿠텐의 아들이다.
31. 『元史』 卷126 「廉希憲傳」, pp. 3088-89.
32. 杉山正明, 「クビライ政權と東方三王家」, pp. 302-303.

이 지휘하는 24주(州)의 한군을 보내어 방어하도록 했다. 양측은 거의 두 달 동안 교전하지 않고 대치만 하다가 마침내 11월 제왕(諸王) 카단(Qadan, 合丹, 즉 우구데이의 아들인 Yeke Qadan),[33] 카비치(Qabichi, 合必赤), 팔춘 등이 이끄는 몽골군이 합류하자, 전체 군대를 세 길로 나누어 진군시켜 감주 동쪽의 산단(山丹) 부근에 있는 언지산의 요비곡(耀碑谷)이라는 곳에서 결전을 벌였다.[34] 『원사』에 의하면 마침 "대풍이 불어 모래가 날리자 날이 컴컴해졌다"고 한다. 이로 인해 적의 기병들이 무력해지자, 왕량신은 병사들에게 말에서 내려 단검으로 무장하여 적의 측면을 공격하도록 했고, 이를 틈타 팔춘은 적의 정면을 돌파하는 동시에 카단은 적의 퇴로를 차단하였다. 알람다르와 쿤두카이가 죽음을 당하고, 잔중들은 카라 부카(Qara Buqa, 哈剌不花)를 수령으로 추대하고 도주함으로써, 전투는 쿠빌라이 측의 대승으로 끝나게 된 것이다.[35]

이 전투에 대해서는 『집사』도 간략한 기록을 남기고 있다. 즉 쿠빌라이가 북으로의 친정을 시작하기에 앞서 우구데이 가의 예케 카단(Yeke Qadan)과 주치 카사르의 아들 카비추(Qabichu, 한문사료의 合必赤과 같은 인물)를 탕쿠트 지방으로 보냈는데, 이는 아릭 부케가 그곳에 남아있던 뭉케의 남송원정군 잔류부대를 장악하기 위해 알람다르와 쿤두카이를 군대와 함께 '감관(監官)'(shaḥna)으로 파견했기 때문이었다. 전투에서 알람다르는 살해되고 군대의 일부는 진몰하거나 흩어져 버리고, 생존자들은 키르기스 지방으로 도주하여 아릭 부케와 합류했다.[36] 중국 측 기록과 거의 같은 내용이지만 왕량신과 팔춘에 대한

---

33. Rashid/Boyle, pp. 27-28.
34. 전투지점에 대해서는 孟繁淸, 「試論忽必烈與阿里不哥之爭」, 『元史論叢』 제2집(北京: 中華書局, 1983), p. 169 참조.
35. 『元史』 卷155 「汪良臣傳」, pp. 3653-54; 卷159 「商挺傳」, p. 3739; 卷180 「耶律希亮傳」, p. 4160.
36. 『칸의 후예들』, pp. 378-80; Rashid/RK, 201v; Rashid/Rawshan, p. 878. Rashid/Boyle

언급은 찾아볼 수 없다. 아무튼 이렇게 해서 “서토(西土)가 모두 평정” 되었고, 쿠빌라이는 안전하게 카라코룸에 대한 기습공격을 감행할 수 있게 된 것이다.

2. 미완의 승부

이 글의 첫머리에서도 지적했듯이 이제까지는 쿠빌라이와 아릭 부케의 대결에 대해서 단지 칭기스 칸 일족 내부에서 벌어진 계승분쟁이 아니라, 중국에 근거를 둔 세력과 초원에 근거를 둔 세력, 즉 한지파(漢地派) 대 막북파(漠北派) 사이에서 제국의 운영과 목표를 둘러싼 이념적 대립으로 이해하고, 그 같은 대립이 결국 전자의 승리로 끝난 것이었다고 보는 학자들이 많다. 즉 쿠빌라이는 비록 유목민 출신이긴 했으나 중원의 막대한 물자를 확보할 수 있었기 때문에 이것을 초원의 기마전술과 결합시켜 가공할 군사력을 창출할 수 있었던 반면, 아릭 부케는 초원에서 중국으로부터의 지원이 단절된 상태에서 빈약한 경제적 기반으로 장기간 버틸 수 없었기 때문에 패배할 수밖에 없었다는 것이다.[37] 그러나 쿠빌라이의 승리가 지대인중(地大人衆)의 중국을 배경으로 했기 때문이라는 기존의 설명이 지니는 한계를 지적한 최근의 한 연구에 의하면, 쿠빌라이와 아릭 부케 양측 간의 전투가 주로 초원

(p. 254)과 Rashid/Thackston(II, p. 429)는 QABYJW를 Qaralju로 읽었다. 『集史』의 「이수게이 칸紀」에는 주치 카사르의 아들 가운데 Qabichu라는 인물이 보이지 않는다. 대신 주치 카사르와 그의 여종 사이에서 태어난 Qarâljû라는 아들이 있었는데, 카랄주는 우구데이의 명령으로 차가타이에게로 가서 그를 모셨다고 한다(59v-60r). 「쿠빌라이 칸紀」의 카비추가 그와 동일한 인물인지는 확인할 수 없다. 『元史』에도 諸王 合必赤의 가문에 대해서는 아무런 언급도 찾아볼 수 없다.

37. 田村實造, 「アリクブカの亂と海都の叛亂」; John Dardess, “From Mongol Empire to Yuan Dynasty”, *Monumenta Serica*, vol. 30 (1972-73).

지역에서 벌어졌기 때문에 중국에서 징발한 보병이나 막대한 물자를 투입하기 어려웠고, 당시 쿠빌라이 휘하의 군사집단을 분석한 결과 남송원정에 투입되었던 몽골군, 즉 동방 삼왕가와 오부족에 속하는 정예 기마군단이 그 근간을 이루고 있었으며, 쿠빌라이의 승리는 농경사회 중국의 힘이 아니라 기마전에 능한 몽골군단의 힘에 기인했다고 한다.[38] 필자도 쿠빌라이와 아릭 부케의 대결을 한지파 대 막북파, 혹은 정주파(定住派) 대 유목파(遊牧派)의 대립으로 보는 이분법적인 기존의 시각에는 많은 문제점이 있다고 생각하며 그런 점에서 그 같은 비판에 대해서 적극적으로 동의한다. 또한 뭉케 남벌군의 좌익이 대부분 쿠빌라이 휘하로 편입되었던 것도 사실이고, 이 밖에 앞에서 분석했듯이 뭉케 직속의 우익에 속해 있던 한군도 개평으로 합류했으며 섬서와 사천 지방에 잔류해 있던 일부 몽골군도 회유·포섭되었음도 확인할 수 있었다.

그러나 우리가 주의해야 할 사실은 뭉케 직속의 몽골군 상당수는 그의 죽음과 함께 몽골로 귀환하여 아릭 부케를 지지했으며, 귀환한 군대의 숫자를 분명히 가늠할 수는 없지만 당초 남벌군의 좌우익군 비율이 1 : 2였던 점을 생각하면 결코 적은 숫자가 아니었을 것이라는 점이다. 뿐만 아니라 대부분의 학자들은 쿠빌라이가 아릭 부케와의 군사적 대결에서 승리를 거두었고 그것이 결국 아릭 부케를 투항케 한 결정적인 계기가 되었다고 생각해 왔지만, 관련 사료들의 내용을 정독해 보면 양자의 무력대결이 최후까지 그렇게 명확한 승패로 갈라지지 않았다는 사실을 확인할 수 있다. 더구나 양측의 전투는 1261년 11-12월을 최후로 종결되었으며, 그 후 상호 아무런 군사충돌 없이 2년 반의 세월이 흐른 뒤 1264년 7월이 되어서야 비로소 아릭 부케가 자기 발로 쿠빌라이를 찾아와 투항했다는 사실에 주목할 필요가 있다. 과연 그의

38. 杉山正明, 「フビライ政權と東方三王家」.

이러한 자발적 투항이 쿠빌라이의 군사적 우위에 기인했다고 보아야 할까. 아니면 어떤 다른 이유가 있었던 것일까. 이 의문에 답을 구하기 전에 먼저 대다수의 학자들이 막연하게 받아들이고 있는 견해, 즉 쿠빌라이가 아릭 부케를 군사적으로 압도했었다는 견해가 과연 사실이었는가 하는 점부터 검토해 보도록 하자.

먼저 『집사』에 기록된 양측의 최초 군사적 충돌과정을 살펴보자. 라시드 앗 딘의 주장에 따르면 전쟁은 아릭 부케 측의 선제도발에 의해 시작되었다고 한다. 즉 1260년 가을 아릭 부케가 훌레구의 큰아들인 줌쿠르와 주치의 손자인 카라차르를 비롯한 여러 제왕들에게 군대를 주어 쿠빌라이 측을 공격하러 보냈고, 이에 쿠빌라이는 이숭게와 나린 카단을 파견하여 그들과 맞서게 했다는 것이다. 바스키(Bâskî)[39]에서 벌어진 이 전투에서 아릭 부케 측이 패배하자 당황한 아릭 부케는 구금되어 있던 아비시카(Abishqa)를 위시한 2명의 제왕(諸王), 그리고 쿠빌라이가 파견했던 100명의 사신들을 처형시키고, 휘하 군대와 함께 키르기스 지방으로 도주했다. 쿠빌라이는 빠른 속력으로 진군을 계속했고 그가 캉키 고개(Qanqi Daban)에 도착했을 때 아비시카 등 제왕들의 피살소식을 접했다. 분노한 그는 투옥되어 있던 도르지를 처형케 한 뒤, 더 진군하여 카라코룸 부근에 있던 아릭 부케의 사(四) 오르두와 쿨겐의 오르두들을 탈취했다. 그는 옹키(Onqi, 즉 옹긴) 강가에서 겨울을 보냈는데, 이 때 아릭 부케가 사신을 보내 화의를 제안했고, 그는 이를 받아들여 이숭게에게 10 tümen의 군대를 주어 카라코룸에 주둔시킨 뒤 귀환했다.[40]

『집사』의 기록에 비해 『원사』의 내용은 훨씬 소략하다. 1260년 8월

39. 필사본들에는 표기가 분명치 않으나 BASKY로 읽을 수 있을 것 같다. 그 위치에 대해서는 뒤의 논의를 참조하시오.

40. 『칸의 후예들』, pp. 380-81; Rashid/RK, 201v; Rashid/Rawshan, pp. 876-79; Rashid/Boyle, pp. 253-55.

쿠빌라이는 아릭 부케에 대한 친정을 결의했고, 10월 8일에는 전도아가(轉都兒哥) 지방[41]에 도착하여 아릭 부케의 '위명(違命)'을 나라 안팎에 조칙으로 알렸으며, 그 뒤 카라코룸에서 귀환하여 1261년 1월 14일에는 연경 부근에 주둔하였다는 기록만 남아 있을 뿐이다.[42] 이 내용만으로는 아릭 부케 측이 먼저 남침을 시작했다는 라시드 앗 딘의 주장을 확인하기도 혹은 부인하기도 어렵다. 그런데 여기서 우리가 주목할 부분은 최초의 전투가 벌어진 '바스키'라는 지점이다. 아직까지 이곳의 정확한 위치에 대해서는 알려진 바가 없지만, 『집사』에는 이 지명이 또 다른 곳에서 한 번 언급되었다. 즉 1251년 뭉케를 대칸으로 추대하는 쿠릴타이가 오난 강 부근의 쿠데에 아랄(Köde'e Aral, 闊帖兀阿闌)에서 열릴 때, 우구데이 가의 시레문이 '바스키'라는 곳에 자신의 유수진(留守陣, aghruq)을 남겨두고 뭉케 일파를 급습하러 갔다가 사아리 케헤르(Sa'ari Keher)에서 일망타진되었다는 기록이 그것이다. 사아리 케헤르는 남류하던 케룰렌 강이 꺾이며 동류하는 만곡부에 있는 초원이고, 우구데이 일가의 분봉지는 에밀(Emil)과 코박(Qobaq)이었다.[43] 따라서 시레문은 쿠릴타이에 참석하기 위해 몽골 서쪽에서 동쪽으로 오다가 사아리 케헤르에 못 미쳐 바스키라는 지점에 자신의 유수진을 남겨두고 경기병(輕騎兵)을 이끌고 동진했던 것으로 보인다. 그렇다면 바스키는 사아리 케헤르 부근 서쪽, 즉 현재 울란바토르 근처의 어떤 지점이었음을 추정할 수 있다. 만약 이 추정이 옳다면 최초의 전투가 벌어진 바스키는 쿠빌라이의 근거지인 개평보다는 아릭 부케의 근거지인 카라코룸에 훨씬 더 근접한 셈이고, 만약 아릭 부케가 먼

41. 소재 불명. 이 지명이 蘇尼特 서북으로 車臣汗部로 통하는 도중에 있는 達爾罕市穆(Darqan Jam) 大道와 유사하다고 하여 동일시한 屠寄(『蒙兀兒史記』 卷74 「阿里不哥傳」, p. 493)의 주장은 받아들이기 어렵다.

42. 『元史』 卷4 「世祖 · 一」, pp. 67-68. 원문에는 "以阿里不哥遺命"이라고 되어 있으나 '違命'이 옳은 것으로 보인다(p. 78의 校勘記 참조).

43. Juvayni/Boyle, p. 43.

저 군사적으로 도발했다면 양측의 최초 군사적 충돌이 왜 그곳에서 벌어졌는지 이해하기 힘든 일이다.

아마 실제로 일어난 일은 『집사』에 기록된 것과는 정반대였을 것으로 추정된다. 즉 쿠빌라이가 8월 먼저 군대를 이끌고 북상을 시작했고, 이 소식을 들은 아릭 부케가 카라코룸을 방어하기 위해 급히 보낸 군대와 울란바토르 부근의 바스키에서 서로 조우했던 것이다. 여기서 패배한 줌쿠르·카라차르 휘하의 군대가 후퇴하며 카라코룸으로 밀려들자 당황한 아릭 부케는 키르기스 지방으로 도주했고, 뒤이어 쿠빌라이는 캉키 고개를 거쳐서 카라코룸까지 진격한 것이다. 캉키 고개의 위치에 대해 Boyle은 현재 울란바토르 서남쪽 35km 지점에 위치한 Khangin - Daba와 동일한 곳이라고 추정했는데[44] 마땅히 경청할 만한 견해라고 생각한다.

두 번째 전투는 아릭 부케의 반격으로 시작되었다. 『집사』에 의하면 1260년 겨울을 키르기스 지방에서 보내고 그 다음 해 여름과 가을동안 힘을 비축한 그는 카라코룸에 있던 이숭게에게 투항하겠다고 거짓말을 하여 경계를 소홀하게 한 뒤 급습했다고 한다. 아릭 부케는 카라코룸을 수복하여 차가타이와 쿨겐과 자신이 소유하던 오르두들을 되찾았고, 이숭게는 고비사막을 건너 남주(南走)하여 이 사실을 쿠빌라이에게 알렸다. 쿠빌라이는 즉시 군대의 소집을 지시했고, 양측은 1261년 11월 27일 시물투(Simultu, 昔木土)에서 일차로 전투를 벌였다.[45] 시물투는 쿠차 볼닥(Khucha Boldaq)이라는 산지 전면(前面)에 있는 아브지아 쿠테게르(Abji'a Köteger) 지방에 위치한 호수의 이름이었다.[46] 진득지(陳得芝)의 고증에 의하면 이곳은 웅구트 부(部)의 동영지

---

44. Rashid/Boyle, p. 254, note 45.
45. 『元史』 卷4 「世祖・一」, p. 78.
46. 『칸의 후예들』, p. 383; Rashid/RK, 202r; Rashid/Rawshan, p. 880; Rashid/Boyle, p. 256. 몽골어로 Qucha Boldaq은 '羊의 언덕'이라는 뜻이다.

(冬營地)였고, 현재 내몽고 동 우지무친기(東烏珠穆沁旗) 북방의 바얀 쿠르가 산(巴楊呼爾赫山)의 북쪽, 즉 몽골공화국 Dornod 성(省)의 동남쪽 경계에 해당된다.[47] 이 전투에서 아릭 부케 측은 오이라트 부 병사들 상당수를 잃고 패퇴했다. 『원사』에 의하면 제왕 카단(合丹)이 적장 카단 코르치(Qadan Qorchi, 合丹火兒赤)와 병사 3,000명을 참수했고, 타가차르와 카비치 등도 분병(分兵) 공격하여 적을 대파했다. 그 뒤 50여 리를 추격해서 시레엔 타우(失烈延塔兀, Shire'en Ta'u)라는 곳에 이르렀을 때 두 번째 전투가 벌어져, "황제의 바로 앞에서 혼전을 벌이다가 해질 무렵에 승리를 거두었다"고 한다.[48]

그러나 『집사』는 이 최후 전투의 결과에 대해서 상반되는 기록을 남기고 있다. 즉 시물투의 전투가 벌어진 지 열흘 뒤, 뭉케의 아들 아수타이가 이끄는 후위(後衛, gejige)가 도착했고, 아릭 부케와 아수타이는 귀환하는 쿠빌라이 군을 추격하여 전투를 벌였다는 것이다. 전투가 벌어진 지점은 엘레트(Elet)라고 불리는 사막의 변경, 즉 시레겐 타군(Shiregen Taghun)과 실루겔릭(Shilügelik) 산지 부근으로 기록되어 있다.[49] '엘레트'는 『집사』의 다른 곳에서 '칼랄진 엘레트'(Qalaljin Elet)라고도 표기되는 곳으로, 그 위치는 부유르 호(湖)로 유입되는 칼카(Qalqa) 강과 눔룩(Nömrög) 강의 합류점 아래에 있는 것으로 추정된다.[50] 이 전투에서 아릭 부케 군의 좌익은 수세에 몰렸지만, 중군과 우익은 오히려 쿠빌라이 군을 패퇴시켰다. 결국 양측은 분명한 승패를 가리지 못하고 각자 자신들의 오르두로 돌아갔고, 상호간의 피해가 막심해서 전투를 계속하지 못한 채 전투는 종결을 고하고 말았다.[51]

---

47. 陳得芝, 「十三世紀以前的克烈王國」, 『元史論叢』 제3집(1986). Cf. Rashid/Boyle, p. 256, note 51.
48. 『元史』 卷4 「世祖·一」, p. 78; 卷120 「朮赤台傳」, p. 2963.
49. 『칸의 후예들』, p. 383; Rashid/RK, 202r; Rashid/Rawshan, pp. 880–81; Rashid/Boyle, pp. 256–57.
50. 小澤重男 譯, 「地·水名を探る」, 『元朝秘史全釋』 下, p. 592.

『원사』의 시레엔 타우(失烈延塔兀)와 『집사』의 시레겐 타군(Shiregen Taghun)이 동일한 지점을 가리키는 것은 분명한데,[52] 그곳에서 벌어진 최후의 결전에 대해 전자는 쿠빌라이 측의 승리로, 후자는 아릭 부케 측의 우세 속에 무승부로 기록하고 있는 것이다. 물론 우리가 어느 쪽이 진실을 말하고 있는 것인지 속단해서는 안 되겠지만, 만약 쿠빌라이 측의 완승으로 끝난 전투였다면 아릭 부케를 '반도(叛徒)'로 규정하고 있는 『집사』가 쿠빌라이 측의 패배를 기록하고 있다는 것도 이해하기 어렵다. 『원사』에서 "황제의 바로 앞에서 혼전을 벌였다"는 기사도 쿠빌라이 측이 고전했었음을 은근히 암시하고 있다. 쿠빌라이 자신도 전투가 있은 지 열흘 뒤인 12월 8일 중서성에 성지(聖旨)를 내려 "전에 아릭 부케가 시물투 노르에서 패배하여 [그 무리가] 흩어져, 지금 북방에 큰 눈이 오고 있다고 하니 다시 이곳으로 돌아올지도 모른다. 설사 반드시 오지 않는다고 하더라도 마땅히 준비는 해두어야 할 것이다. 각로(各路)에 누구의 말(馬疋)이건 불문하고 현재의 숫자를 모두 파악해서, 만약 기병을 태울 만한 것이 있다면 5필당 말 값을 은 1정(錠)으로 매겨서 화매(和買)토록 하라!"고 하여,[53] 전투에서의 승리를 자임하면서도 아릭 부케 측의 군사력이 여전히 위협적임을 인정하고 있다.

시르겐 타군의 전투는 양측이 벌인 최후의 전투였고, 그 후 1264년 여름 아릭 부케가 자발적으로 투항해 올 때까지 2년 반 동안 양측의 군사적 충돌은 없었다. 쿠빌라이는 1262년 1월 3일 군사를 돌려 귀환

51. 『칸의 후예들』, pp. 383-84; Rashid/RK, 202r; Rashid/Rawshan, pp. 880-81; Rashid/Boyle, pp. 256-57.

52. 『칸의 후예들』, p. 383; Rashid/RK(202r)에는 ŠYRGAN TAĞWN으로 표기되어 있고, Tashkent 사본(171v)도 마찬가지여서 그대로 옮겼다. Rashid/Boyle(p. 257)과 Rashid/Thackston(II, p. 430)은 모두 Shirgen Na'ur(Naghur)로 옮겼다. 그러나 한문자료에도 失烈延塔兀로 표기된 것으로 보아, TAĞWN이 NAĞWR을 잘못 베낀 것이라고 단정하기는 어렵다. 몽골어에서 shirege(n)은 "탁자, 좌석, 연회" 등을 의미한다.

53. 『大元馬政記』(國學文庫本), p. 8.

했고 그 직후인 2월 22일 이단(李璮)의 반란이 터졌다. 자신의 근거지인 북중국을 위협하는 이단의 반란으로 인해 쿠빌라이는 더 이상 몽골 전선에 신경을 쓸 여유가 없어져 버린 것이다. 아릭 부케에 대한 언급도 중국 측 자료에서 사라져 버린다. 따라서 쿠빌라이가 군사적으로 아릭 부케를 압도했기 때문에 승리한 것이라는 주장만으로는 그의 투항을 충분히 설명하기 힘들 수밖에 없다. 그렇다면 아릭 부케는 무엇 때문에 투항해 온 것일까. 이 의문은 아릭 부케가 최후의 전투 이후 2년 반 동안 무엇을 했는가를 추적해 봄으로써 풀릴 수 있을 텐데, 사실 그는 그 기간 동안 중앙아시아의 차가타이 울루스의 알구와 힘겨운 싸움을 벌이고 있었다. 알구는 아릭 부케의 후원을 받아 울루스의 수장이 된 인물이었는데, 그가 자신의 후원자에 대해 반기를 든 것이다. 그렇다면 알구가 무엇 때문에 반기를 들게 되었고, 이에 대해 아릭 부케는 어떠한 대응을 했는가를 살펴보지 않으면 안 될 것이다.

Ⅳ. 제국의 분립

1. 알구의 '배반'

아릭 부케를 중앙아시아로 끌어들인 장본인은 당시 차가타이 울루스의 군주 알구(Alghu)였다. 1260년 대칸의 자리를 둘러싼 치열한 싸움이 벌어지기 시작할 당시 차가타이 울루스의 칸의 자리는 비어 있는 상태였다. 뭉케가 즉위(1251)한 직후 자신에 반대했던 차가타이의 아들 이수 뭉케(Yisü Möngke)를 제거하기 위해 차가타이의 손자인 카라 훌레구(Qara Hülegü)를 울루스의 새로운 수장으로 임명하여 보냈으나, 카라 훌레구는 도중에 사망하고 그의 미망인 오르가나(Orghana)가 대칸의 칙명을 받들어 이수 뭉케를 제거하고 사거한 남편의 이름으로 스스로 울루스를 통치했다.

쿠빌라이와 아릭 부케가 대립하기 시작했을 때, 두 사람 모두 차가타이 울루스의 지원을 절실하게 필요로 했다. 특히 중국으로부터의 물자공급이 차단되어 버린 아릭 부케의 입장에서 중앙아시아의 오아시스 도시들과 근접해 있는 차가타이 울루스 측의 지지는 필수적이었다. 반면 쿠빌라이의 입장에서도 차가타이 울루스를 장악할 수만 있다면 아릭 부케의 물적 기반을 차단할 수 있을 뿐만 아니라 동서에서 그를 협공할 가능성도 열리기 때문에 그 지지를 필요로 했다. 그러나 오르가나는 아릭 부케를 선택했고, 카라코룸에서 개최된 쿠릴타이에 참석함으로써 그 같은 자신의 의사를 분명히 표명했다. 그녀가 왜 그런 선택을 했는지를 말해주는 자료는 없으나, 앞에서도 언급했던 것처럼 전통적인 규범과 절차를 무시하고 독자적인 쿠릴타이를 개최한 쿠빌라이에 대한 몽골귀족들의 전반적인 반발여론과 무관하지는 않을 것이다. 더구나 북중국보다 몽골에 더 근접했던 차가타이 울루스의 입장에서 아릭 부케에게 등을 돌린다는 것 자체가 무모한 일이었을는지도 모른다.

쿠빌라이로서도 이러한 사태를 좌시하고 있을 수만은 없었다. 그는 이미 바스키 전투(1260년 가을)가 벌어지기 전에 아비시카를 차가타이 울루스의 수장으로 임명해 보냈다. 아비시카는 부리(Büri)의 아들로 그의 조부는 무에투켄(Mö'etüken), 증조부는 차가타이였다. 당시 아비시카는 쿠빌라이와 함께 있었다. 쿠빌라이는 아비시카와 그의 동생 나린 카단을 중앙아시아로 보내, 오르가나와 혼인하고 울루스의 통제권을 장악하도록 한 것이다. 그러나 이들은 서행(西行)하다가 '탕쿠트', 즉 하서(河西) 지방에서 아릭 부케 측 군대에 체포되어 카라코룸으로 압송되었고, 아비시카는 바스키 전투 이후 키르기스로 퇴각하던 아릭 부케의 명령으로 뭉케의 아들 아수타이(Asutai)의 손에 살해되었다.[1]

키르기스 지방으로 퇴각한 아릭 부케는 중앙아시아 도시들의 물자보급이 더욱 절실해졌다. 더구나 그곳을 장악하려는 쿠빌라이의 기도가 좌절되긴 했으나 그가 또 다시 유사한 시도를 하지 않으리라는 보장도 없었기 때문에, 오르가나에게 차가타이 울루스를 맡겨놓기에는

1. Rashid/Boyle, pp. 138, 150, 253. 라시드 앗 딘은 처음에는 아비시카와 함께 나린 카단도 처형된 것처럼 기록했지만, 곧 뒤에서 나린 카단이 바스키의 전투에 참여했고 이어서 1261년에는 시물투의 전투에도 참여한 것으로 기록하고 있다.

아무래도 불안을 느끼지 않을 수 없었다. 그래서 아릭 부케는 알구를 파견하기로 결정한 것이다. 알구는 뭉케 즉위 시 차가타이 가문이 대대적인 숙청을 당했을 때 나이가 어리다는 이유로 처형당하지 않고 살아남은 인물이고, 어린 그를 "양육"시킨 장본인이 바로 아릭 부케였다.[2] 그렇다면 1260년 당시 그의 나이는 20살도 채 안 되었던 것으로 추정할 수 있다. 따라서 아릭 부케는 알구가 자신에게 큰 은덕을 입었기 때문에 충성할 것이며, 아직 약관의 젊은이이니 그를 조종하는 것도 용이하리라고 생각했을 것이다. 아릭 부케는 다음과 같이 말했다고 한다.

> 차가타이의 아들인 바이다르의 아들 알구, 즉 한동안 어전에서 봉사했고 각종 사무[를 처리하는] 방도와 관례를 알고 있는 그를 보내서 자기 조부의 보좌와 울루스를 그에게 주는 것이 [현재로서는] 최상의 방책이다. 그래서 우리에게 양식과 무기를 지원하여 보내고 아무다리아 변경을 방어하여, [강] 저쪽에서 훌레구의 군대와 베르케의 군대가 쿠빌라이를 도우러 가지 못하도록 하는 것이다.[3]

『집사』의 이 기사는 아릭 부케가 알구를 파견한 목적이 무엇보다도 식량과 무기의 확보에 있음을 보여준다. 그러나 알구로 하여금 훌레구와 베르케가 쿠빌라이를 돕지 못하도록 방어하라는 지시도 내렸다는 『집사』의 주장에는 의문의 여지가 있다. 왜냐하면 앞에서도 설명했듯이 베르케는 반(反) 쿠빌라이 입장을 천명했고 훌레구 역시 관망의 자세를 취하고 있었기 때문이다. 이와 관련하여 『집사』 다른 부분에서의 기록은 주목할 만하다.

> [아릭 부케는 그에게] 칙령을 주어서, 차가타이 울루스의 군주가 되어 쿠빌라

2. *Târîkh-i Waṣṣâf*, pp. 11-12; *Taḥrîr-i Târîkh-i Waṣṣâf*, p. 2.
3. 『칸의 후예들』, p. 379; Rashid/RK, 201v; Rashid/Rawshan, pp. 877-78; Rashid/Boyle, pp. 253-54.

이 카안의 군대와 차가타이 일족의 군대로부터 그쪽의 변경들을 방어하도록 하였다. [또한 알구가] 지방들로부터 식량과 곡물과 무기를 거두어 그에게 보내어, 그가 마음놓고 쿠빌라이 카안이 있는 방면으로 원정할 수 있도록 하였다.[4]

여기서 아릭 부케가 알구를 파견한 목적, 즉 식량조달 · 무기징발 · 변경방위 등을 거론한 것은 앞의 인용문과 동일하다. 다만 변경의 방위에 대해서는 훌레구나 베르케의 위협에 대한 대응이 아니라, "쿠빌라이 카안의 군대와 차가타이 일족의 군대"의 위협으로부터 중앙아시아 방면을 방어하는 것이라는 점에서 차이가 있다. 그렇다면 이 위협은 구체적으로 무엇을 말하는 것일까. 앞에서 1260년 11월 요비곡의 전투에서 아릭 부케 측이 패배한 뒤 남은 무리들이 카라 부카를 수령으로 추대하고 도주했던 일을 언급했는데, 이들은 사주(沙州=敦煌), 이주(伊州=하미), 베시발릭(別十八里, Beshbaliq), 창발릭(昌八里, Changbaliq/Janbaliq), 마나스(馬納思, Manas) 하(河)를 거쳐 1261년에는 에밀(葉密里, Emil) 성(城)에 도달했고, 쿠빌라이 측의 군대가 그 뒤를 추격하여 현재 신강(新疆) 목루현(木壘縣) 부근의 베르발릭(白八里, Berbaliq, 獨山城)까지 진출했음이 확인된다.[5] 알구를 파견할 당시 아릭 부케가 쿠빌라이 측 군대의 이 같은 동향을 알고 있었는지는 알기 어려우나, 적어도 요비곡 전투 결과는 접했을 것이고 따라서 쿠빌라이 측이 중앙아시아에 대해 가할 군사적 위협을 충분히 짐작했을 것으로 보인다. 뿐만 아니라 쿠빌라이를 지지하는 일부 차가타이계 제왕들도 그 같은 군사작전에 가담할 위험성도 감지했을 것이다. 따라서 위의 인용문에서 "쿠빌라이 카안의 군대와 차가타이 일족의 군대"를 막으라는 요청은 이러한 점을 염두에 둔 것으로 판단된다.[6]

---

4. 『칸의 후예들』, p. 239; Rashid/RK, 174v; Rashid/Rawshan, pp. 767-68; Rashid/Boyle, p. 150.
5. 劉迎勝, 『西北民族史與察合台汗國史研究』(南京: 南京大學出版社, 1994), p. 123.
6. 그러나 이 시점에서 쿠빌라이에 대한 지지를 표명한 차가타이계 諸王들이 이 방면

『집사』에 의하면 1260년 겨울 카라코룸에서 철수하여 키르기스 지방으로 퇴각해 있던 아릭 부케의 명령을 받은 알구가 "마치 활시위를 떠난 화살처럼" 신속히 자신의 울루스로 갔고, 아릭 부케의 '칙령'을 칭하며 당시 감국(監國)의 사무를 맡아 보던 오르가나와 혼인하고 차가타이 울루스의 수장권(首長權)을 장악했다. 또한 그가 카쉬가르에 도착하자 거의 15만 명의 기병들이 그의 주위에 집결했고 이어서 그는 곧 아릭 부케에 대해서 '반란'을 일으켰다고 한다.[7] 와싸프 역시 알구가 회력 658년 말, 즉 서력 1260년 11-12월경에 알말릭(Almaliq)[8]을 도읍으로 정하고 오르가나와 혼인했으며, 알말릭에서 켄젝(Kenjek)과 탈라스(Talas) 및 카쉬가르와 아무다리야 하안에 이르는 광대한 지역을 지배하게 되었고 차가타이 울루스의 군대를 규합했다고 하면서, 아릭 부케에게 보내기로 한 엄청난 재화를 수중에 넣자 '반대의 길'을 걷게 되었다고 기록하고 있다.[9] 즉 『집사』와 『와싸프사(史)』는 모두 알구의 반란이 중앙아시아의 병력과 재물에 대한 욕심 때문에 빚어진 것으로 설명하고 있는 셈인데, 과연 실제로 그랬던 것인지 아니면 어떤 다른 요인이 개재된 것인지를 확인해 볼 필요가 있다. 이를 위해서 먼저 알구가 '반란'을 일으킨 구체적인 경과에 대해서 좀 더 상세하게 살펴보도록 하자.

『집사』는 바스키 전투 이후 쿠빌라이의 군대가 카라코룸에 진주한

에서 구체적으로 어떠한 군사활동을 벌였는지는 확인되지 않는다. 『集史』에 의하면 나린 카단은 1260년 바스키의 전투와 1261년 말 시물투의 전투에 참여하고 있을 뿐이며, 山丹州가 원 초기에 阿只吉大王의 分地가 되었다는 『元史』 卷60 「地理·三」(p. 1452)의 기사가 있기는 하지만, 이것이 1260-61년경의 일인지는 분명치 않다.

7. Rashid/Boyle, pp. 142, 253-54. 그러나 라시드 앗 딘은 다른 곳에서 알구가 아릭 부케에게 반기를 든 뒤에 오르가나와 혼인한 것으로 기록했다(『칸의 후예들』, p. 240; Rashid/RK, 174v; Rashid/Boyle, pp. 150-51).

8. 『元史』의 阿力麻里, 『西遊記』의 阿里馬 등으로 표기되며, Almaliq 즉 '사과'를 뜻하는 투르크어 alma에 -liq 접미사가 붙어서 만들어진 형태이다. 현재 신강성 伊寧市(= Kulja) 서북쪽에 위치한 霍城(= Khorghos)에 그 유적지가 남아있다.

9. *Târîkh-i Waṣṣâf*, p. 12; *Taḥrîr-i Târîkh-i Waṣṣâf*, pp. 2-3.

직후의 상황에 대해서 다음과 같이 서술하고 있다. 키르기스 지방의 켐-켐치우트(Kem-Kemchiut) 변경과 우수(Usu) 강변에 도피해 있던 아릭 부케는 곤경에 처하게 되자 쿠빌라이에게 사신을 보내, '동생'(ini)인 자신이 '형'(aqa)을 무시하고 행동한 것에 대해 사과하며, 가축들을 살찌운 뒤에 찾아가겠다고 제안했다. 또한 그는 쿠빌라이에게 베르케와 훌레구와 알구도 곧 도착할 것이라는 사실을 통지했고, 쿠빌라이는 이 제안을 받아들여 철군했다.

> 그 당시 훌레구와 알구는 카안 쪽으로 기울고 있었고, 연속해서 사신들을 서로에게 보내고 있었다. 훌레구 칸은 사신들을 보내 질책하며 아릭 부케를 제지했고, 카안의 어전으로도 [사신들을] 파견했다. 알구도 마찬가지로 사신을 보냈고, 카이두와 쿠투쿠(Qûtûqû)가 아릭 부케와 한편이라는 사실을 알고는 여러 차례 공격하여 쫓아냈다.10

라시드 앗 딘은 이러한 일이 언제 일어났는지에 대해 정확한 시점을 제시하지는 않았으나, 서술의 순서로 볼 때 아릭 부케가 키르기스에 퇴각해 있을 때의 일로 해석할 수 있다.

그러나 라시드 앗 딘은 다른 곳에서 알구의 '반란'을 말해주는 보다 구체적인 사건을 기록하고 있다. 즉 아릭 부케는 필요한 물자를 충당하기 위해 자신의 사신들을 중앙아시아로 파견하여, 가축 10두(頭)당 2두씩 공출하고 아울러 군대에 필요한 재물과 무기를 징발하도록 했다. 이 때 파견된 사신으로 에르케군(Erkegün), 부리테이(Böritei), 샤디(Shâdî) 등 3인의 이름이 기재되어 있는데, 이들은 알구에게 아릭 부케의 '칙령'을 제시한 뒤 가축과 재화와 무기를 징발하기 시작했고, 징발물들의 일부가 모여지자 그것을 아릭 부케에게 보냈다. 그러나 알구는 그들을 억류했고, 이에 대해 그들이 아릭 부케의 칙령을 근거로 항의

---

10. 『칸의 후예들』, pp. 381-82; Rashid/RK, 202r; Rashid/Boyle, p. 255.

하자 그들을 살해하고 수집한 물자를 빼앗아 버렸다. 그때 마침 오르가나가 차가타이 울루스의 수장직을 알구에게 넘겨준 아릭 부케를 찾아가 항의하고 돌아왔는데, 알구는 그녀와 혼인하고 차가타이 울루스에 대한 지배권을 확립했다는 것이다.[11]

현재 통용되고 있는 『집사』 영역본과 러시아어 번역본은 물론 Karîmî와 Rawshan의 활자본에서도 알구가 아릭 부케의 사신들을 처형한 시점은 회력 661년 — 서력으로는 1262년 11월 11일부터 1263년 11월 4일까지 — 으로 나와 있다.[12] 그러나 이는 그것들이 모두 Blochet본을 따랐기 때문인데, 그보다 훨씬 더 신뢰성이 높은 다른 사본들에서는 연도에 대한 언급을 전혀 찾아볼 수 없다. 다만 알구가 아릭 부케의 사신들을 막고 처형시킨 것과 관련하여 "…시(市, shahr)에서"라는 표현이 보일 뿐이다. Blochet본의 필사자는 이 대목을 "…년(shuhûr)"으로 오해하고, 원문에 결락된 부분에 나름대로 "661"이라는 연도를 삽입한 것이다.[13] 뿐만 아니라 우리는 이 연도가 잘못되었음을 보여주는 증거를 중국 측 자료에 기록된 다음과 같은 사실에서도 찾을 수 있다.

야율초재(耶律楚材)의 아들인 야율주(耶律鑄)는 원래 뭉케 직속 남벌군의 일원이었으나 뭉케 사망 후 쿤두카이의 군중(軍中)에서 빠져나와 쿠빌라이에게 합류한 인물이었다. 당시 쿤두카이의 군중에는 야율주의 부인과 아들 희량(希亮)이 남아 있었는데, 쿤두카이가 요비곡 전투에서 패한 뒤 이들 모자는 도주했다가 다시 붙들려, 카라 부카를 수령으로 삼고 서방으로 도주하던 남은 무리들과 함께 1260년 겨울 눈

11. 『칸의 후예들』, pp. 239–40; Rashid/RK, 174v; Rashid/Boyle, pp. 150–51.

12. Blochet, *Djami el-Tevarikh*, tome 2 (Leyden: E. J. Brill, 1911), p. 187; Rashid/Boyle, p. 150; Rashid/Thackston, II, p. 376; *Sbornik letopisei*, I-2, p. 97 (『史集』, 第二卷, p. 178); Rashid/Rawshan, I, p. 768.

13. Rashid/RK, 174v; Tashkent사본, 145r; L2, 573v. 필자도 『칸의 후예들』 p. 240에서 Blochet본을 받아들여 이 같은 661년을 삽입시켜 번역하였는데, 이 자리를 빌려서 수정하는 바이다.

덮인 천산(天山)을 넘어 베시발릭(北庭都護府)으로 갔다가, 그 다음 해에는 창발릭14을 거쳐 여름에 마나스(Manas) 하를 건너, 구육이 대칸에 오르기 전 시절에는 "탕목읍(湯沐邑)"이었던 에밀(Emil, 현재 新疆의 額敏) 성에 도착했다. 그해 겨울에는 그곳에서 가까운 호복(火孛, Qoboq, 현재 新疆의 和布克賽兒 몽고자치현)15에 갔다가, 1262년 二月에는 구육의 어린 자식인 대명왕(大名王) 즉 호쿠(Hoqu)와 함께 "후지르(忽只兒, Quzir)의 땅"에 이르렀다.16 바로 그때 그곳에 도착한 "종왕(宗王) 알구와 만났는데, [알루구는] 아릭 부케가 진수인(鎭守人)으로 부리던 소로카이(唆羅海, *Soroqai)17를 주살하고 세조에게 귀부(歸附)하려고 했다." 그해 三月에 희량은 호쿠와 알구를 따라 에밀로 갔다가,

---

14. 『元史』 卷63 「地理·六」의 "西北地附錄"에 보이는 彰八里, 長春眞人의 『西遊記』(王國維本, p. 299)에 보이는 昌八剌, Maḥmûd Kâshghârî의 *Dîvân-i Lughat at-Turk*에 보이는 Janbaliq과 동일한 지명이며(*Compendium of the Turkic Dialects*, tr. R. Dankoff, vol. 1, Duxbury, Mass., Harvard University Printing Office, 1982, p. 140), 위치는 오늘날 우룸치 서쪽 50km 昌吉 부근으로 추정된다.

15. Qoboq 혹은 Qobaq은 에밀 동북방을 흐르는 Qoboq 강 연안에 위치한 지명으로, 구육의 분봉지가 있던 곳이기도 하다. Cf. Pelliot, *Les Mongols et la Papauté*, p. 206.

16. 李玠奭 교수는 忽只兒를 Qulja(← qul-ji-e)의 음역으로 보고, 차가타이 汗家의 제왕들의 주둔지 가운데 하나로서 郝和尙拔都가 두 차례나 방문한 적이 있는 感匣과 같은 곳으로 보아, 그 위치를 현재 신강에 있는 일리(伊寧)와 동일한 지점으로 추정했다(「『元史』·「郝和尙拔都傳」에 보이는 1240年代 大蒙古國 中央權力의 位相」, 『몽골학』, 제12호, 2002, pp. 92-93). 그러나 忽只兒는 몽골어에서 "鹽沼(salt marsh)"의 뜻을 지닌 qujir의 음역으로 보는 것이 더 자연스러울 듯하며, 그 지명은 청대에까지 잔존했던 것으로 보인다. 즉 청이 신강을 정복한 직후에 편찬된 『皇輿西域圖志』(傅恒 等 奉勅撰; 臺北 文海出版社 影印) 卷11, 「天山北路」條(9v-11r)를 보면, 額敏(Emil) 동쪽에 察罕呼濟爾(Chaghan Qujir)와 烏蘭呼濟爾(Ulan Qujir)라는 지명이 보이며, 특히 察罕呼濟爾는 준가르의 마지막 군주인 達瓦齊(Dawachi)의 昂吉(anggi, '所領')이 있었던 곳이기도 하다. 또한 『準噶爾方略』(前篇, 卷32)에서는 "과거에 策忘阿喇布坦(Chewang Rabtan)이 있을 때, 霍博克薩里(Qoboq Sari)와 察罕呼濟爾(Chaghan Qujir)로부터 서쪽에서 유목을 했었다"는 기록도 찾을 수 있다. 따라서 忽只兒/Qujir는 Emil이나 Qoboq과 근접한, 그러나 그보다 약간 동쪽에 위치한 지점으로 보는 것이 타당할 듯하다. 한편 Bretschneider는 忽只兒가 『元史』 卷121 「速不台傳」(p. 2976)에 "也迷里·霍只를 경략하고 말 만 필을 획득하여 [칭기스칸에게] 헌납했다"는 기사에 나오는 霍只가 忽只兒와 동일한 지명이 아닐까 추정한 바 있다(*Medieval Researches*, vol. 1, p. 161).

17. 추정된 음가의 경우 *를 위첨자로 표기했다.

五月에는 아릭 부케의 군대에 쫓겨 "1,500리를 서행(西行)하여 부레사리(孛劣撒里, *Büre Sa'ari)의 땅으로 갔다".18

위의 기사는 알구의 '반란'이 늦어도 1262년 二月(陽 2.20~3.21)까지는 시작되었음을 의심없이 보여주고 있다. 물론 그의 행동은 이보다 앞선 시기에 시작되었겠지만 그 시차는 그리 크지 않았을 것으로 추측된다. 왜냐하면 아릭 부케가 1261년 여름과 가을 동안 키르기스 지방에 머물면서 힘을 비축한 뒤 겨울에 남침을 시작하여 11월 27일에 시물투의 전투가 벌어졌기 때문이다. 만약 그가 출정 전에 알구의 '반란' 소식을 접했다면 배후에 적을 두고 쿠빌라이와의 결전은 생각하기 힘들었을 것이다. 따라서 알구의 이반은 빨라도 1261-62년 겨울, 늦어도 1262년 3월 이전, 즉 그가 차가타이 울루스에 도착한 지 1년 뒤에 일어난 것이라고 볼 수 있다. 이러한 추정은 차가타이 울루스의 감국이던 오르가나의 행적을 통해서도 간접적으로 뒷받침된다. 차가타이 울루스로 와서 지배권을 접수하려고 한 알구에 대해 불만을 품은 오르가나는 이를 항의하기 위해 아릭 부케를 찾아갔지만 그를 설득하는 데 실패했고, 울루스로 다시 돌아온 그녀는 이미 확고한 지배권을 장악한 알구와 혼인하였기 때문이다. 만약 알구가 그 기간 중에 반기를 들었다면 아릭 부케가 오르가나의 청원을 무시하고 알구를 옹호할 까닭이 없었을 것이다.

1261년 겨울 시물투와 시르겐 타군에서의 전투 이후 아릭 부케와 쿠빌라이 양측이 군사적 대결을 계속할 수 없게 된 배후에는 바로 이러한 사정이 있었다. 예상했던 보급선이 차단된 아릭 부케로서는 쿠빌라이와 다시 결전을 벌이기 힘든 상황에 처하게 된 것이다. 그가 쿠빌라이와 다시 대결하기 위해서는 알구의 문제를 먼저 처리하지 않으면 안 되었고, 부득이 군대의 예봉을 중앙아시아로 돌릴 수밖에 없었던

18. 『元史』 卷180 「耶律希亮專」, pp. 4160-61.

것이다. 그러나 쿠빌라이 역시 궁지에 몰린 아릭 부케를 적극적으로 압박하며 군사적인 공세를 가할 처지가 아니었으니, 이는 앞에서도 언급했듯이 1262년 초에 터진 이단의 반란으로 인해 북방으로 신경을 돌릴 여유가 없어졌기 때문이다. 따라서 1261년 말의 전투가 벌어진 직후, 아릭 부케와 쿠빌라이는 모두 배후의 적들과의 전쟁에 돌입하게 된 것이다.

『집사』에는 아릭 부케 군(軍)의 '선봉대'(manqalai)를 지휘하던 카라 부카가 "Pulad 시(市) 부근의 수트 쿨(Süt Köl)이라는 곳"에서 알구에게 패배하여 죽음을 당했다는 기사가 보인다.[19] 여기서 Pulad는 프란체스코파 수도사 루브룩(Rubruck)이 1253-55년 몽골을 방문했을 때 게르만 출신 포로들이 강제노역을 하던 곳으로 지목한 Bolat와 동일한 곳으로 현재 신강성 서북쪽 보로탈라(博爾塔拉) 계곡에 위치했던 것으로 추정된다.[20] Süt Köl은 투르크어로 '젖의 호수'를 뜻하며 오늘날 알말릭 동북방의 산정에 위치한 사이람(Sayram) 호를 지칭한다.[21] 야율희량(耶律希亮)의 전기에서도 이와 유사한 그러나 훨씬 더 상세한 기록을 찾아볼 수 있다. 즉 1262년 五月에는 아릭 부케의 군대가 에밀에 도달했고, 희량은 알구·호쿠 등과 함께 서쪽으로 1,500리 떨어진 곳에 있는 부레 사리(孛劣撒里)로 간 뒤, 六月에는 그보다 더 서쪽에 있는 환찰손(換扎孫)이라는 곳을 거쳐 풀라드(不剌, Bulad/Pulad) 성(城)에 이르렀다. 알구는 거기서 서쪽으로 600리 떨어진 철철리택랄(徹徹里澤剌)이라는 산으로 가서 그곳에 수레 및 장비들과 부녀자들을 안치한 뒤, 기

---

19. 『칸의 후예들』, pp. 386-87; Rashid/RK, 202v; Rashid/Boyle, p. 259.

20. P. Jackson tr., *The Mission of Friar William of Rubruck* (London: The Hakluyt Society, 1990), p. 226. 투르크어에서 pulad는 '철'을 의미하며, 아마 부근에서 철이 많이 산출되었기 때문에 붙여진 이름일 것이다. 오늘날 신강의 博爾塔拉蒙古自治州에는 博樂이라는 도시의 이름도 여기에서 나온 것이다.

21. E. Bretschneider, *Medieval Researches from Eastern Asiatic Sources*, vol. 1(1888; repr. London: Routledge and Kegan Paul. 1967), p. 169. 長春眞人의 『西遊記』(p. 300)에 보이는 '天池'와 동일한 곳이다. Cf. 『蒙兀兒史記』, 卷74 「阿里不哥傳」, p. 494.

병을 데리고 200리 떨어진 주부르(出布兒, Jubur) 성(城)을 지나, 거기서 100리 떨어진 예리켄(也里虔, *Yeriken) 성(城)에 도착했을 때, 마침내 그들을 추격해 온 카라 부카(哈剌不花)의 군대와 조우하게 되었다. 희량은 알구·호쿠 등과 함께 군대를 이동시켜 풀라드 성에서 전투를 벌였다. 그 결과 알구 측이 승리를 거두고 그 무리를 진륙(殄戮)한 뒤, 함 속에 수급(首級)을 넣어 사신과 함께 쿠빌라이에게 보내 승전보를 전했다고 한다.[22] 이 기록에 언급된 여러 지명들은 그 정확한 음가와 위치를 고증하기 어렵지만, 아무튼 아릭 부케군의 선봉대가 알구에게 패배했다는 『집사』의 기록이 신빙성을 확인시켜 준다.

또한 『집사』는 알구가 경계심을 늦추고 일리(Hila) 강을 따라 귀환하여 자신의 오르두들이 있는 곳에 자리잡은 뒤 군대를 해산(targhamishi)시켰는데, 이때 아수타이가 이끄는 아릭 부케군의 후위대(後衛隊, gejige)가 철문(鐵門, Temür Qahalqa)[23]을 거쳐 일리 강과 알말릭을 공격(ilqamishi)하고 알구의 울루스를 장악했다고 기록했다. 다급해진 알구는 자기 부인과 우익군을 이끌고 호탄과 카쉬가르 방면으로 도주했고, 아릭 부케는 본대를 이끌고 내려와 일리와 알말릭에 주둔하며 겨울을 보내면서, "카안의 군대와 울루스를 죽이고 약탈했다." 한 달 뒤 그를 기피한 많은 병사들이 알구와 합류하게 되었고, 알구는 유수영(留守營)과 함께 사마르칸트 방면으로 이동했다고 한다.[24] 야율희량(耶律希亮)의 전기에는 알구가 패전했다는 기록은 보이지 않으나, 1262년 十月 이식 쿨(亦思寬, Issyk Köl)로 갔다가 1263년에는 카쉬가르(可失哈里, Kashghar) 성(城)에 도착했고, 그 해 四月 아릭 부케의 군대가 오

22. 『元史』 卷180 「耶律希亮專」, pp. 4160-61.
23. 常德의 『西使記』에 보이는 鐵木兒懺察(Temür Chamchal, 혹은 Temür Chabchal)과 동일한 곳이며, Pulad에서 서남행하여 사이람 호수를 지나면 알말릭에 도달하기 전에 거쳐야 하는 가파른 협곡을 가리킨다.
24. 『칸의 후예들』, p. 387; Rashid/RK, 202v-203r; Rashid/Boyle, p. 259. Boyle의 영역본에는 "알구의 군대와 울루스를 약탈했다"고 되어 있다.

자 알구는 다시 군대를 이끌고 쿤바시(渾八升, *Qunbashi) 성[25]으로 갔다고 한다.[26]

아릭 부케가 알구에 대한 응징전을 벌이는 동안 그의 진영은 분열의 조짐을 보이기 시작했다. 먼저 훌레구의 큰아들인 줌쿠르가 병을 치유하겠다는 구실을 내세워 사마르칸트로 가버렸다. 라시드 앗 딘은 이것이 '쥐해'인 662년 라비 알 아발月(1264년 1월)의 일로 적었으나, 이는 661년 라비 알 아발月(1263년 1-2월)의 오류로 보아야 할 것이며, 이제껏 아릭 부케를 지지했던 그가 그 시점에서 갑자기 이탈하게 된 것과 훌레구가 종래 관망의 입장에서 본격적으로 쿠빌라이 지지로 선회한 것과 무관하지 않다는 지적은 수긍할 만하다.[27] 뿐만 아니라 아릭 부케의 가혹한 응징과 약탈로 인해 많은 병사들이 이탈하기 시작했고, 그가 주둔하던 알말릭에는 혹심한 기근이 찾아와 1263년 봄에는 주민들 다수가 기아로 사망하거나 도주하는 현상이 벌어졌다.

아릭 부케가 중앙아시아에서 힘을 소진하고 있는 동안 몽골에 남아있던 그의 지지파들도 입장을 선회하기 시작했다. 특히 뭉케의 아들인 우룽타시는 당시 알타이 부근의 자브칸(Jabqan) 강 유역에 주둔하고 있었는데, 몽골에 주둔하던 다른 천호장들과 함께 쿠빌라이에게 투항하고 말았다. 더구나 그는 아릭 부케가 보관하고 있던 뭉케 카안의 옥새(tamgha-i yashb-i buzurg)를 쿠빌라이에게 보내서, 쿠빌라이의 정통성 강화에 큰 기여를 했다. 반면 알구는 아릭 부케의 진영이 와해되어 감에 따라 서서히 세력을 회복하고, 사마르칸드와 부하라 등지에 대한 지배권을 장악하게 되었다. 이처럼 1262-63년 겨울 급작스러운 상황의 변화에 압박을 받아 견디지 못하게 된 아릭 부케는 결국 쿠빌라이

25. 현재 신강 溫宿 남쪽에 위치한 渾巴什莊에 해당된다. Cf. 『蒙兀兒史記』, 卷74 「阿里不哥傳」, p. 494.
26. 『元史』 卷180 「耶律希亮專」, p. 4161.
27. Jackson, "The Dissolution of the Mongol Empire", p. 234.

에게 스스로 투항의 길을 택할 수밖에 없었던 것이다.[28]

이상에서 우리는 알구가 아릭 부케에게 반기를 든 것이 1261-62년 겨울의 일이었다는 점을 확인했고, 나아가 아릭 부케의 투항이 쿠빌라이와의 군사적 대결에 의해서라기보다는 자신을 배반한 알구를 응징하는 과정에서 초래된 자중지란의 결과였다는 사실도 입증했다. 그렇다면 이제 남은 문제는 알구가 무엇 때문에 아릭 부케에게 반기를 들었는가 하는 점이다.

2. 쿠빌라이의 '전략'

알구는 아릭 부케에게 본격적으로 반기를 들기 직전 먼저 중앙아시아에 주둔하던 주치 울루스의 대리인들을 전격적으로 제거하였다. 『집사』에 따르면 알구는 네구베이 오굴(Negübei Oghul)에게 5,000명의 기병을 주어 사마르칸트와 부하라 등 마와라안나흐르의 도시들을 방어하러 보냈는데, 대신(大臣, amîr)들 가운데에서는 우차차르(Uchachar), 서기(書記, bitikchi)들 가운데에서는 하바시 아미드(Ḥabash ʿAmîd)의 아들인 술레이만 벡(Sulaymân Beg), 단사관(斷事官, yarghuchi)들 가운데에서는 아비시카(Abishqa) 등이 동행했다. 이들이 알구의 명을 받들어 그곳에 도착하자 주치 울루스의 군주인 베르케에게 속해 있던 "모든 속료들(mutaʿallaqân)과 신하들(nûkerân)을 처형"시킨 뒤, 그들이 갖고 있던 모든 재물을 취하여 그 일부를 네구베이 오굴에게 보내고, 우차차르는 호라즘으로 향했다. 바로 이때 아릭 부케의 전술한 세 명의 사신, 즉 에르케군, 샤디, 부리테이 등이 도착하여 아릭 부케의 '칙령'을 칭하면서 물자와 마필과 무기를 징발하기 시작했고, 짧은 시간 안에 막대한

---

28. 『칸의 후예들』, p. 389; Rashid/RK, 203r; Rashid/Boyle, pp. 259-60.

재물을 거두게 된 것이다.

> 알구는 그 재화를 탐내어 구실들을 대면서 그들의 발길을 잡아두었다. 하루는 그들이 알구에게 "우리는 아릭 부케의 칙명에 따라 이 물자들을 징발한 것인데, 알구가 그것과 무슨 상관이 있는가?"라고 하는 말을 전했다. 그는 분노가 머리끝까지 치밀어 그들을 체포하고 그 물자들을 빼앗으라고 명령했다. 그의 아미르들은 "당신이 이 같은 행동을 취했으니 아릭 부케의 쪽에서는 멀어져 버린 것이 분명합니다. 더구나 오르가나 카툰이 불만을 호소하러 갔으니, 우리가 그의 질책과 분노를 견디어 내기는 어려울 것입니다. 이제 그에게 반기를 들었으니 카안에게 봉사하는 것이 최상의 방책입니다."라고 말했다.29

이 인용문이 보여주듯이 라시드 앗 딘은 알구의 '반란'이 아릭 부케의 사신들이 징발한 물자에 대한 그의 '탐욕'(ṭamʿ) 때문이었다고 설명하고 있다. 그런데 알구의 이러한 '탐욕'을 이해하기 위해서는 단지 그의 개인적인 성품이나 욕심이라는 차원을 넘어서, 정주지대에 대한 지배권을 두고 대칸과 제왕들 사이에 존재하는 갈등구조가 있었음을 주목해야 할 것이다.

무라카미 마사쯔구(村上正二)가 지적한 바와 같이 칭기스 칸의 통일 이래 몽골인들은 정복된 초원민과 비초원민(삼림민・농경민)을 대상으로 한 분봉(分封)・분배를 상이한 개념으로 파악했다. 즉 '모전(毛氈) 천막'에 거주하는 초원민은 'qubi'(忽比)라는 이름으로 칭기스 칸 일족들에게만 주어졌지만, '흙벽을 한 도시'에 사는 정주민들은 일족・훈신(勳臣)을 막론하고 'soyurqal'(恩賜)라는 명목으로 주어졌던 것이다.30 칭기스 칸이 생전에 자제들에게 몽골인들을 분봉한 것이 전자에 속한다면, 북중국을 점령한 뒤 우구데이가 제왕・부마・공신들에게 대대적인 분토(分土)・분민(分民)을 단행한 것은 후자에 속한다고 할

29. 『칸의 후예들』, p. 385; Rashid/RK, 202v; Rashid/Boyle, p. 258.

30. 「モンゴル朝治下の封邑制の起源」, 『モンゴル帝国史研究』(東京: 風間書店, 1993), pp. 173-206; cf. 『몽골비사』, 203절(유원수 역, pp. 179-80).

수 있다. 초원 분봉을 통해 각기 울루스를 형성하게 된 전자가 영주들의 직접적인 지배와 관리하에 두어진 것과는 대조적으로, 후자의 경우 궁극적인 지배권은 어디까지나 대칸의 수중에 있었고 영주들은 투하호(投下戶)들이 납부하는 재화의 일부를 향유할 권한을 가질 뿐이었다. 대칸은 정주지역을 관할하기 위해 자신의 대리인—몽골어로는 다루가치(darughachi), 투르크어로는 바스칵(basqaq), 아랍-페르시아어로는 샤흐나(shaḥna)라고 불렸다—을 파견했다. 예를 들어 칭기스 칸은 중앙아시아를 정복한 직후 거란인 야율아해(耶律阿海)를 사마르칸트의 감관(監官)으로 임명했고, 그가 사망한 뒤에는 아들인 야율면사가(耶律綿思哥)로 하여금 뒤를 잇도록 했다.[31] 우구데이는 중앙아시아의 정주지대 전역을 관할하는 대리인으로 호라즘 출신의 마흐무드 얄라바치(Maḥmûd Yalavach)를 임명했는데, 관할권을 둘러싸고 차가타이와 마찰이 벌어진 뒤 그를 해임시키긴 했지만, 여전히 직접적인 지배권을 포기하지 않고 얄라바치의 아들인 마수드 벡(Mas'ûd Beg)을 후임자로 임명했던 것이다.[32] 마수드 벡은 구육과 뭉케의 시대에도 대칸의 대리인으로 활동을 계속했다.[33] 뭉케는 제국의 영역 속에 편입된 정주지대를 크게 삼분하여 북중국에 연경등처행상서성(燕京等處行尙書省), 중앙아시아에 별실팔리등처행상서성(別失八里等處行尙書省), 서아시아에 아모하등처행상서성(阿母河等處行尙書省)을 귀속시켜 대칸 고유의 권한을 유지했다.

그러나 위에서 지적한 우구데이와 차가타이의 갈등이 보여주듯이 정주지역에 대한 지배권은 대칸과 제왕들 사이에 긴장관계를 조성하

31. 『元史』 卷150 「耶律阿海傳」, pp. 3549–50. Cf. P. D. Buell, "Sino-Khitan Administration in Mongol Bukhara," *Journal of Asian History*, vol. 13, no. 2 (1979), pp. 121–51.

32. Barthold, *Turkestan down to the Mongol Invasion* (1928; Philadelphia: Porcupine Press, 1977 4th ed.), pp. 472–73.

33. T. A. Allsen, *Mongol Imperialism* (Berkeley: California University Press, 1987), pp. 102–103.

였다. 몽골제국은 칭기스 칸의 일족과 그를 도운 군사귀족들이 정복의 과실(果實)을 공동으로 향유한다는 소위 가산제적(家産制的) 공유관념의 토대 위에 세워진 국가였다.[34] 우구데이가 북중국을 정복한 뒤 1235(乙未)년 괄호(括戶)를 실시하여 등록된 110여만 호 가운데 76만 호 이상을 제왕・부마・공신들에게 분발(分撥)해 준 것도 이러한 관념의 표현이었다. 분발된 호구(戶口)들은 2호당 사(絲) 1근(斤)은 대칸에게 바치고, 5호당 사 1근은 영주에게 바치도록 규정되었는데, 소위 '오호사제(五戶絲制)'라는 이름으로 알려진 이 제도는 몽골어에서 "형제들이 향유하는 이익"이라는 뜻으로 아카타마르(阿合探馬兒, *aqa-tamar)라고 불렸다.[35] 그러나 이러한 '형제우애'(concordia fratrum)는 오래 갈 수 없었고, 각 지역에 대한 지배권을 둘러싸고 대칸 대 제왕, 혹은 제왕 대 제왕 사이의 갈등이 심화될 수밖에 없었다.

중앙아시아의 경우, 알구가 도래하기 전 이 지역에 대한 지배권은 실제로 대칸 뭉케와 주치 울루스의 바투가 분점(分占)하고 있었다. 뭉케의 집권으로 우구데이 가(家)와 차가다이 가의 영향력이 급속히 위축되었고, 그 결과 이 지역에서 칭기스 칸 일족들의 '공치(共治) 체제'(collegiality)는 붕괴되었기 때문이다. 와싸프에 의하면 부하라의 1만 6,000호 가운데 바투가 5,000호를 소유했다.[36] 베르케는 뭉케 즉위식에 참석한 뒤 돌아가는 길에 부하라의 수피장로인 사이프 앗 딘 바하르지(Sayf ad-Dîn Bâkharzî)를 만나 이슬람으로 개종했는데,[37] 이는 주치 울루스와 중앙아시아 도시들 사이의 긴밀한 관계를 보여주고 있다. 따라서 차가타이 울루스의 새로운 수장이 된 알구가 중앙아시아 정주지대

34. 졸고, 「몽고제국의 형성과 전개」, 『강좌중국사』 卷3(지식산업사, 1989), p. 284.

35. 韓儒林 主編, 『元朝史』 上(北京: 人民出版社, 1986), pp. 220-23.

36. *Târîkh-i Waṣṣâf*, p. 51; *Taḥrîr-i Târîkh-i Waṣṣâf*, p. 28.

37. D. DeWeese, *Islamization and Native Religion in the Golden Horde* (University Park, PA: Pennsylvania State University Press, 1994), pp. 83-86.

에 대한 지배권에 아무런 욕심이 없었다면 모르겠지만, 그렇지 않다면 그를 지원해 준 '신임 대칸' 아릭 부케, 그리고 바투의 후계자인 베르케와의 충돌은 불가피했다. 앞에서도 지적했듯이 알구가 '탐욕'을 품고 '반란'을 일으켰을 때, 아릭 부케 측 사신들의 구금과 살해뿐만 아니라, 중앙아시아에 주재하던 베르케의 "모든 속료들과 대신들"까지 살해한 것도 바로 이러한 배경이 있기 때문이었다.

그런데 여기서 우리가 주목해야 할 사실은 그가 1261-62년 겨울 아릭 부케에게 반기를 들고 베르케의 대리인들을 학살했던 것과 거의 동일한 시점에 서아시아에 주둔하던 훌레구도 베르케 휘하의 장군들과 대리인들을 학살한 사건이 터진 것이다. 라시드 앗 딘의 기록에 의하면 다마스쿠스를 점령한 훌레구가 동방에서의 변고에 관한 소식을 처음 접한 것은 식투르 노얀(Shiktür Noyan)을 위시한 사신들이 1260년 초두에 도착했을 때였다.[38] 잭슨 교수는 이들이 전해준 것은 뭉케의 사망소식이 아니라 아릭 부케와 쿠빌라이 간의 분쟁이었을 것이라고 추측한 바 있다.[39] 그러나 쿠빌라이의 즉위가 1260년 5월 초의 일이라는 점을 생각하면 시간적으로 너무 촉박한 감이 있어, 차라리 이 사신단은 당시 감국의 임무를 수행하던 아릭 부케가 대칸 뭉케의 사망과 쿠릴타이 소집을 알리기 위해 파견한 공식적인 사신단으로 보는 것이 좋을 듯하다.

훌레구는 키트 부카(Kit Buqa) 휘하의 소수 분견대만 남겨둔 채 주력군을 이끌고 회군을 시작하여 6월 7일에는 반(Van) 호 부근의 아흘라트(Akhlat)에 도착했지만, 그 후 그의 행보는 베일에 가려 있다. 아르메니아의 역사가 키라코스(Kirakos, 1201-72)는 훌레구가 하마단(Hamadan)에서 겨울을 나기 위해 이동했다고 한 반면,[40] 소(小) 아르메

38. Rashid/Rawshan, p. 1028; Rashid/Thackston, vol. 3, p. 503.

39. Jackson, "The Dissolution of the Mongol Empire," p. 230.

40. *Kirakos Gandzaketsi's History of the Armenians* (tr. Robert Bedrosian, New York:

니아의 국왕 헤툼(Hethum, 13세기 중반)은 대신들의 건의에 따라 훌레구 스스로 대칸이 되기 위해 동진하여 '페르시아'까지 왔다가 쿠빌라이가 대칸이 되었다는 소식을 듣고 중지했다고 적었다.[41] 아흘라트에 도착한 뒤 훌레구가 동방에서 전해져 온 뭉케의 사망과 "아릭 부케의 반란으로 인해 상심했다"는 기록으로 볼 때,[42] 그는 회군하는 도중에 계승분쟁의 소식을 접하고 쿠릴타이 참석의 무의미함을 인식했기 때문에, 더 이상 진군하지 않았던 것으로 보인다. 그 후로도 훌레구는 동방에서 벌어지는 일에 촉각을 곤두세웠고 여러 차례 사신들의 왕래가 있었다. 『집사』에는 1260년 말 쿠빌라이 군(軍)이 카라코룸을 점령하고 아릭 부케가 키르기스 지방으로 퇴각한 뒤, 훌레구와 알구가 상호간에 계속 사신들을 보냈고 또 쿠빌라이에게도 줄곧 사신을 파견했으며, 훌레구는 아릭 부케에게도 사신을 보내 질책하기도 했다는 기사가 보인다.[43] 따라서 훌레구는 1260년 하반부터는 더 이상 동진하지 않은 채 서아시아에 그대로 머물고 있었지만, 동방에서의 상황에 대해서는 민감하게 반응하고 있었음이 분명하다.

그러던 그가 종래 '관망'의 입장을 벗어던지고 친 쿠빌라이로 선회한 것은 1261년 후반경이었을 것으로 추정되며, 이러한 태도변화는 서아시아 원정대에 동참했던 발라카(Balaqa), 투타르(Tutar), 쿨리(Quli) 등 주치 울루스 측 장군들의 참살 사건을 통해서 표출되었다. 『집사』에 의하면 발라카는 훌레구에게 음모를 꾸몄다가 처형되었고 투타르와 쿨리는 독살되었으며, 이로 인해 베르케와 훌레구는 대립하게 되었다고 한다. 그리고 이들과 함께 왔던 병사들 가운데 일부는 아프가니스

Sources of Armenian Tradition, 1986), pp. 324-25.

41. *A Lytell Cronycle: Richard Pynson's Translation (c 1520) of La Fleur des histoires de la terre d'Orient (c 1307)*, ed. Glenn Burger (Toronto: University of Toronto Press, 1988), pp. 41-42.

42. Rashid/Thackston, p. 503.

43. Rashid/Boyle, p. 255.

탄과 인도 서북방으로 도주하였고, 또 다른 일부는 카프카스 산맥을 넘어 주치 울루스 령으로 돌아갔다. 라시드 앗 딘은 이 사건이 벌어진 시점에 대해 엇갈린 기록을 남기고 있지만, 1261-62년 겨울의 일이었으리라는 잭슨 교수의 추정이 타당해 보인다.[44] 이 사건으로 인해 훌레구는 베르케와 카프카스 지방을 중심으로 격렬한 전투를 벌이게 되었는데, 마르코 폴로도 자신이 동방으로 향하다가 베르케의 영지에 1년쯤 머무르고 있을 때 '베르카'와 '울라우' 사이에 전쟁이 터졌다고 증언한 바 있다.[45]

훌레구가 베르케 측 장군들을 처형시키고 주치 울루스와의 전쟁을 시작한 까닭에 대해서는 이미 잭슨 교수의 상세한 연구가 있는데, 그의 주장의 요점은 이러하다. 즉 주치 울루스는 칭기스 칸의 분봉을 근거로 카프카스 산맥과 카스피 해 남쪽의 초원과 이란 동부 후라산 방면을 비롯해서 서아시아 대부분의 지역에 대한 영유권을 주장하고 있었는데, 뭉케의 명령을 받아 서아시아를 정복한 훌레구가 자신의 독자적인 왕국을 건설하기 위해 주치 울루스의 기득권을 강제로 빼앗았고, 이로 인해 양측의 전쟁이 시작되었다는 것이다.[46] 그의 이러한 주장은 훌레구 울루스와 주치 울루스 사이의 전쟁의 원인에 대해 접경지역에 대한 영유권 분쟁 정도로 이해했던 종래의 관점을 뒤집은 탁견으로 평가받고 있고, 필자 역시 그의 주장을 수긍하고 있다. 다만 필자가 주목하고자 하는 점은 훌레구의 반(反) 베르케 입장으로의 급선회가 발생한 시점이다.

즉 훌레구의 반 베르케 · 친 쿠빌라이로의 선회가 알구의 반 아릭

---

44. Jackson, "The Dissolution of the Mongol Empire," pp. 233-34. Cf. Stepanos Episkop의 연대기에는 1262년에 쿨리와 발라카이가 도주했다는 기록이 보이고, 또 다른 익명의 연대기에는 1261년에 Palakh와 Quli가 도주했다는 기사가 보인다(Galstian, *Armianskie istochnini o Mongolakh*, Moskva, 1962, p. 36, p. 82)
45. 김호동 역, 『마르코 폴로의 동방견문록』, p. 77, 주 13.
46. Jackson, "The Dissolution of the Mongol Empire," pp. 208-12.

부케·반 베르케 입장의 천명과 거의 같은 시기인 1261-62년 겨울에 일어났다는 사실은 결코 간과할 수 없는 중요성을 갖고 있다. 우리는 서아시아와 중앙아시아에서 벌어진 이 두 사건을 서로 다른 배경 속에서 발생했지만 '우연히' 시기적으로 일치한 것이라고 보아야 할까. 아니면 어떤 공통의 원인 요소가 개재되어 있는 것일까. 이 점에서 아르메니아의 사가(史家) 키라코스의 다음과 같은 기록은 주목할 만하다.

> 알구는 베르케와 전투를 벌였는데, 그 까닭은 그들[= 주치 一家]의 부추김에 따라 뭉케 칸이 그의 가족을 죽였기 때문이었다. [알구는] 자신이 데르벤드 관문의 이쪽에서 그를 돕겠다는 말을 훌레구에게 전달했다. 그러자 막강한 훌레구가 행동에 나서, 바투·베르케가 있던 지방에서 [이란으로] 와 그와 함께 있던 대신과 고위 제왕들, 즉 Ghul(= Quli), Balaxa(= Balaghai), Tur'ar(= Tutar), Ghul의 아들 Meghan, Cataghan을 비롯하여 그들 휘하의 다른 많은 병사들을 노소를 불문하고 사정없이 베어버리고 칼로써 그들을 제거했다. 왜냐하면 그들이 그와 같이 있으면서 권위에 도전했기 때문이었다. …… 그리고 나서 이 막강한 훌레구도 강력한 군대를 모아서 그것은 三分했는데, 하나는 아바카의 아들에게 맡겼다. [훌레구는] 그를 일족(ostikan)인 아르군과 함께 후라산을 경유하여 파견해서, 저쪽 방면에 있는 알루구를 돕도록 했다.[47]

이 기사는 훌레구와 알구가 반(反) 베르케 작전을 시작하기 전에 이미 상호간에 협력하기로 합의했으며, 실제로 훌레구는 자기 아들인 아바카를 후라산을 거쳐 동부전선으로 보내 알구를 측면 지원토록 했다고 밝히고 있다. 이에 대해 잭슨 교수는 양측의 군사적인 협력이 과연 있었는지에 대해 "의심스럽다"고 조심스러운 회의를 표명한 바 있다.[48]

그런데 훌레구와 알구는 베르케에 대한 공격이 갖는 정치적 의미는 물론 그것이 몰고올 파장과 부담도 잘 알고 있었을 것이다. 아릭 부케

---

47. *Kirakos Gandzaketsi's History of the Armenians*, p. 331.
48. Jackson, "The Dissolution of the Mongol Empire," p. 235.

지지를 공개적으로 표명하던 베르케에 대한 훌레구의 공격은 그가 '관망'의 자세를 버리고 쿠빌라이 지지로 돌아섰음을 의미하는 것이고, 그가 이런 입장을 취하기 전에 쿠빌라이와 사전에 아무런 교감도 없었다는 것은 생각하기 어렵다. 이 점은 알구의 경우도 마찬가지였다. 자신의 울루스로 돌아와 불과 1년도 채 지나지 않은 상황에서 내적인 기반이 여전히 취약했었을 그가 쿠빌라이의 지지를 전제로 하지 않은 채 아릭 부케와 베르케와 같이 주변의 강력한 세력과 동시에 전쟁을 벌이기로 결정했으리라고는 보기 어렵기 때문이다. 『집사』 역시 1260년 말 쿠빌라이와 아릭 부케 사이에 1차 전투가 끝난 뒤 훌레구와 알구 그리고 쿠빌라이 사이에 사신들이 "연속해서" 왕래했음을 기록하고 있다.[49] 훌레구와 알구의 반 베르케, 반 아릭 부케 군사작전이 1260-61년 겨울 거의 같은 시기에 단행된 것도 이를 입증한다. 따라서 설령 이 두 사람 사이의 군사적 협력이 현실화되지는 않았다고 하더라도 그들이 취한 행동은 결코 우연의 일치라고 보기 어려울 것이다.

훌레구와 알구의 행동이 쿠빌라이에 대한 지지를 전제로 했다는 것은 결국 그들이 쿠빌라이를 정당한 '대칸'으로 인정했다는 것을 의미한다. 그렇다면 그들이 종래 중립적인 입장 혹은 반 쿠빌라이적 입장에서 갑자기 선회하게 된 계기는 무엇이며, 그러한 입장변화를 통해서 그들은 어떤 이익을 기대할 수 있었을까. 앞에서도 분석했듯이 그들이 바라던 것은 서아시아와 중앙아시아의 정주지대에 대해서 대칸의 간섭을 받지 않는 직접적인 지배권이었다. 아릭 부케는 알구에게 그 점을 양해해 주지 않았고, 이는 아릭 부케가 파견한 사신들이 중앙아시아에서 물자를 징발할 때 알구가 불만을 품자 '알구가 무슨 상관이 있는가?'라고 그를 힐난했던 사실에서도 알 수 있다.[50] 따라서 정주지대

---

49. 『칸의 후예들』, p. 381; Rashid/Boyle, p. 255.
50. 『칸의 후예들』, p. 385; Rashid/Boyle, p. 258.

의 지배권에 대해서 쿠빌라이가 아릭 부케와 같은 입장을 취했다면 그들이 굳이 쿠빌라이를 지지해야 할 까닭은 없었을 것이다. 이 점에서 『집사』의 다음 기사는 매우 주목할 만하다. 즉 쿠빌라이는 훌레구와 알루구에게 사신을 보내 이렇게 제안했다는 것이다.

> 지방들이 반란을 일으켰다. 우리 조상들의 명성과 선량함으로 쟁취(tamâ-châmîshî) 한 아무다리야 강변에서부터 에집트의 문(門, dar)까지의 [지역에 있는] 몽골 군대와 타직 지방들을 너 훌레구가 관할하고 잘 지키라! 알타이 저쪽에서부터 아무다리야까지의 속민과 울루스는 알구가 관할하고 보살피라! 알타이 이쪽에서 환해(環海)의 해변까지는 내가 보살피겠다.[51]

이 제안의 의미는 자명하다. 쿠빌라이는 훌레구와 알구가 희망하는 정주지대에 대한 지배권을 이양하겠다는 의사를 천명한 것이다. 그가 이 두 사람에게 위임하겠다는 지역들은 뭉케 카안의 시대에 한문사료에 보이는 아모하등처행상서성과 별실팔리등처행상서성에 해당되는 것으로, 그때까지는 대칸이 임명하는 대리인들이 관할하던 지역이었다. 쿠빌라이의 이 제안은 한 마디로 제국분할통치안이었다. 즉 쿠빌라이는 주치 울루스를 제외한 나머지 몽골제국 전체를 삼분하여, 서아시아는 훌레구에게 중앙아시아는 알루구에게 그 지배권을 위임하고, 대칸인 자신은 알타이 산맥 이동(以東)에 대한 지배로 만족하겠다는 것이었다. 이에 따라 쿠빌라이가 훌레구·알구와 연합하여 공동의 적으로 만든 주치 울루스의 베르케의 독립은 당연한 귀결이었다. 쿠빌라이의 분할안은 정주지역에 대한 대칸의 직접적인 지배권을 포기하고 제왕들의 지배를 인정한 것이었다.

그렇다면 쿠빌라이는 무엇 때문에 서아시아와 중앙아시아의 정주지대에 대한 과거 대칸들의 고유한 권리까지 포기하면서 이러한 분할통

51. 『칸의 후예들』, p. 382; Rashid/Boyle, pp. 255-56.

치안을 추진했던 것일까. 그것은 물론 아릭 부케를 지지하던 알구를 회유함으로써 그가 원래 계획했던 대로 아릭 부케를 동서 양측에서 동시에 공략하기 위한 의도, 또한 사태를 관망하던 훌레구를 자기편으로 끌어들임으로써 베르케를 카프카스 전선에 묶어두려는 전략이 있었기 때문이었다. 다시 말해 그는 아릭 부케에 대한 군사적 공격이 소기의 성과를 거두지 못하게 되자, 그의 지지세력을 분열시켜 그를 외교적으로 고립시키려고 한 것이다. 그의 전략은 과연 주효했다. 아릭 부케는 알구를 응징하기 위해 중앙아시아 전선으로 예봉을 돌렸고 그를 잡기 위해 동분서주하다가 결국 자신의 힘을 소진하고 말았으며, 뭉케 즉위시 막대한 영향력을 발휘했던 주치 울루스 역시 훌레구와의 전쟁에 발이 묶여 아릭 부케를 지원할 여유를 잃어버리게 되었기 때문이다.

쿠빌라이의 승리는 결국 전략과 외교의 승리였고, 시대의 흐름과 정세를 정확하게 읽는 그의 탁월한 정치적 판단의 결과였다. 당시 몽골제국의 정복지가 유라시아 전역으로 확대되면서 각 지역에 제왕들의 분봉지(分封地)가 생겨나고, 그 지배권을 둘러싸고 대칸과 제왕들 사이의 갈등은 날로 심각해져 가고 있었다. 누구보다도 쿠빌라이 자신이 그것을 잘 알고 있었다. 그 자신도 분봉지인 경조·개평에서의 활동으로 인해 대칸 뭉케의 의심을 받아 혹독한 감사를 치른 기억을 갖고 있었다. 반면 대부분의 시간을 초원에서 보낸 아릭 부케는 당시 제국 전역에서 벌어지던 이러한 문제에 대해 충분한 인식이 없었기에, 정주지대에 대한 지배권은 대칸의 고유권한이라는 입장을 고수하고 있었다. 쿠빌라이는 정주지대에서의 제왕권이 더 이상 거부할 수 없는 대세였음을 인식하고 과감하게 그것을 인정함으로써 계승분쟁에서 확고한 우위를 장악하고자 했던 것이다.

1264년 七月 庚子日 아릭 부케는 제왕 우룽타시, 아수타이(阿速帶), 시리기(昔里給), 그리고 "모신(謀臣)"들인 불가(不魯花, Bulgha), 호자(忽察, Khwâja), 투만(禿滿, Tümen Noyan), 알리차르(阿里察, Alichar),

토구즈(脫忽思, Toquz) 등과 함께 쿠빌라이에게 투항해 왔다.[52] 죄인에게 천막의 문(門, dar-i khargâh)을 덮어씌우던 당시 몽골인들의 관습에 따라 그는 그런 모양으로 쿠빌라이의 장전(帳殿) 앞에 무릎을 꿇고 고두(叩頭, tekeshmishi)했다. 한동안 그렇게 조아린 뒤 그는 천막 안으로 들어가 쿠빌라이와 대면하였다. 『집사』는 이 때 두 사람의 대화를 이렇게 기록하고 있다.

> 아릭 부케는 울었고 카안도 눈에서 눈물을 흘렸다. 그는 눈물을 닦으면서 "오, 사랑하는 형제여! 이 반란과 분란에서 우리가 옳았는가, 아니면 자네들이 옳았는가?"라고 물었다. [아릭 부케는] "그때는 우리[가 옳았]지만 오늘은 당신들입니다."라고 대답했다.[53]

쿠데타가 실패하면 '반란'이지만 성공하면 '혁명'이 되는 것이 역사의 냉혹한 판정이고 아릭 부케도 그 점을 자신의 입을 통해서 인정한 셈이지만, 그래도 아릭 부케에게 천막의 문을 쓰고 고두하게 한 쿠빌라이의 처사는 제왕들의 비난을 샀다. 자신이 파견했던 사신이 그 장면을 목격하고 돌아와서 올린 보고를 들은 훌레구는 분노하면서, 어떻게 칭기스 칸의 일족(urugh)에게 그런 식으로 고두를 강요함으로써 모욕을 줄 수 있는가라고 쿠빌라이에게 항의하고 '야사'(yâsâ, 法令)에 어긋난 그의 행동에 불만을 터뜨렸다. 쿠빌라이도 자신의 잘못을 인정하고 그 뒤 1년 동안 아릭 부케를 소환하지 않았다고 한다.[54] 당시 아릭 부케는 서기(書記)들이 도열해 있던 곳에 기립한 상태로 있었으나, 타

---

52. 『元史』 卷5 「世祖・二」, p. 98. 『集史』에 보이는 이 '謀臣'들의 이름은 괄호 안에 넣었다. 다만 TWQWR는 TWQWZ을 잘못 베낀 것이고, ALYJAN은 ALYJAR을 잘못 베낀 것임이 분명하므로 고쳤다. 또한 불가는 처음에 BWLQY로 표기되었으나 뒤에서는 BWLĞH로 나오므로 이에 따라 고쳤다(Rashid/RK, 203v-203r; Rashid/Boyle, pp. 262-63).
53. 『칸의 후예들』, p. 390; Rashid/RK, 203v; Rashid/Rawshan, p. 886; Rashid/Boyle, p. 261.
54. Ibid.

가차르의 권유에 의해 쿠빌라이는 그에게 앉으라고 지시할 정도였다.

아릭 부케 일파에 대한 심문, 즉 당시 몽골인들이 '자르구'(jarghu)라고 부르는 재판은 그 다음날 열렸다. 여러 제왕들이 집결한 가운데 쿠빌라이는 심문관들을 지정했다. 제왕들 가운데 시리기, 타카이(Taghai), 차라쿠(Charaqu), 바이 테무르(Bai Temür)가 선정되었고, 대신들 중에는 한툰 노얀(Hantun Noyan), 두르베테이(Dörbetei), 볼라드 아카(Bolad Aqa) 등이 임명되었다.[55] 심문의 과정과 결과는 『집사』에 비교적 상세하게 기록되어 있다. 쿠빌라이는 아릭 부케를 포박시킨 상태로 심문을 진행시켰고, 그 밖에 뭉케의 아들 아수타이, 칭 테무르(Ching Temür)[56] 등이 심문을 받았다. 그 결과 아릭 부케를 지원했던 대신들 10명이 처형되었고, 제왕들 가운데 칭 테무르는 아릭 부케의 강제에 의해 협종(脅從)했다고 해서 방면되었다. 『집사』에 따르면 '자르구'는 아릭 부케와 아수타이의 처리와 관련해서 일단 석방 쪽으로 의견이 모였으나, 그 최종적인 결정은 베르케 · 훌레구 · 알구 등 서방의 제왕들의 의견을 물은 뒤 내리기로 하고, 이를 위해 사신들이 파견되었다. 알구는 자신도 쿠빌라이 '카안'(qa'an)과 훌레구 '아카'(aqa)의 승인없이 차가타이 울루스의 수장이 되었으니, 만약 아릭 부케가 제멋대로 대칸이 되려고 했다고 해서 처벌을 내린다면 자기도 허물에서 벗어날 수 없을 것이라는 점을 지적하며, 아릭 부케의 석방에 찬성했다. 그러나 훌레구와 베르케는 최종적인 결정을 위해 제왕들이 모두 참석하는 쿠릴타이를 개최해야 한다고 주장했다. 베르케는 자신이 소해(1265년)에 출발하여

---

55. 『元史』에는 아릭 부케가 우룽타시, 아수타이, 시리기 등의 諸王과 함께 투항해 왔다는 기록이 보이는데, 실제로 우룽타시는 이미 쿠빌라이에게 투항의 의사를 전달한 바 있고, 시리기도 심문관으로 거명된 것으로 보아 그 역시 먼저 투항의사를 밝혔던 것으로 추정된다.

56. Rashid/Boyle, p. 263에는 Jibik-Temür로 音寫되어 있으나, Rashid/RK(204r)에는 CYNGTMWR로 표기되어 있다. 처음부터 쿠빌라이를 지지했던 카단의 아들 Jibik Temür(『元史』의 執畢帖木兒)와는 분명히 다른 인물이다. 그러나 여기서 언급된 칭 테무르가 어느 가문의 소속인지는 분명치 않다.

범해(1266년)에 이동해서 토끼해(1267년)에 도착하겠다는 전갈을 보내왔다고 한다. 그러나 라시드 앗 딘은 곧 훌레구와 베르케 사이에 전쟁이 벌어지고, 그 후 이 두 사람과 알구가 모두 사망했기 때문에 쿠릴타이는 실현되지 못했다고 하였다.[57]

우리가 이 『집사』의 기록을 어디까지 사실로 받아들여야 할지 판단하기란 쉬운 일이 아니다. 우선 『집사』가 쿠빌라이의 집권을 정당화하는 관점으로 일관되어 있기 때문에, 심문의 내용이 주로 아릭 부케 측의 '음모'와 '오류'의 고백이라고 해도 놀라울 것은 없다. 심지어 아릭 부케를 지지했던 베르케조차 아릭 부케의 잘못을 인정하고 그를 심판하는 쿠릴타이에 참석의사를 표명한 것으로 묘사되어 있다. 무엇보다도 훌레구와 베르케의 전쟁은 이미 1261-62년 겨울에 시작되었음에도 불구하고, 1264년 후반기에 가서야 제의된 쿠릴타이에 베르케와 훌레구가 불참하게 된 이유를 이 전쟁으로 돌리고 있는 것은 지나친 견강부회가 아닐 수 없다. 물론 쿠릴타이 개최가 제안되었을 가능성은 충분하다.[58] 아릭 부케의 투항으로 쿠빌라이의 집권이 확정되었기 때문에, 그것을 '공식화'하기 위한 범 제국적 차원의 집회가 필요했을 것이다. 그러나 쿠빌라이 지지로 입장을 급선회한 알구와 훌레구 양측의 공격을 받은 베르케가 그러한 쿠릴타이에 참석하리라는 것은 애당초 바라기 힘든 일이었다.

이 점에서는 차라리 『원사』의 기록이 비록 간략하기는 하지만 더 신뢰성을 보인다. 즉 "제왕들은 모두 태조(太祖 = 칭기스 칸)의 후예이므로 모두 석방하고 [죄를] 묻지 않았지만, 그 모신(謀臣)인 불가(不魯花) 등은 모두 주살했다"는 것이다.[59] 다시 말해 아릭 부케를 지지했던 대신들은 모두 처형되었지만, 제왕들은 '칭기스 칸의 후예'였기 때

57. 『칸의 후예들』, pp. 395-96; Rashid/RK, 204r-204v; Rashid/Boyle, pp. 264-65.
58. 杉山正明, 「クビライ政權と東方三王家」, p. 308.
59. 『元史』 卷5 「世祖 · 二」, p. 98.

문에 모두 방면되었다는 것이고, 구체적인 내용은 여하하건 그 결과는 『집사』의 기록과 동일한 셈이다. 결국 쿠빌라이가 아릭 부케와 그에 동조했던 제왕들(아수타이, 칭 테무르 등)을 처형하지 못한 데에는 알구, 훌레구, 베르케 등이 제기할지 모르는 반발을 우려했기 때문이었다고 보아야 할 것이다. 이와 관련하여 『원사』는 '자르구'에 참여했던 안동(安童) 노얀과 쿠빌라이 사이에 오갔던 대화를 이렇게 기록하고 있다.

> 아릭 부케의 일당 천여 명을 붙잡아 처벌하려고 할 때 안동(安童)이 [황제의] 옆에서 그를 모시고 있었다. 황제께서 그에게 "짐은 이들을 사지(死地)로 보내려고 생각하는데 어떠한가?"라고 물으니, 그가 대답하여 말하기를 "사람들에게는 각각 그 주군이 있습니다. 폐하께서 대난(大難)을 평정하셨는데, 갑자기 사감(私憾)으로써 사람을 죽인다면, 아직 귀부하지 않은 사람들을 장차 어찌 회복시킬 수 있겠습니까?"라고 했다.60

한툰 노얀이 지적한 '아직 귀부하지 않은 사람들'은 아릭 부케를 지지했던 몽골의 제왕 · 장령들 가운데 아직도 몽골에 남아서 반 쿠빌라이의 입장을 고수하던 카이두나 일부 자가타이계 제왕들61을 가리키는 것으로 보인다. 다시 말해 비록 아릭 부케가 투항은 해왔지만 쿠빌라이의 정통성은 아직 확고하게 굳어졌다고 보기는 어려운 상황이었다. 특히 자기 발로 투항해 온 아릭 부케에게 가혹한 대접을 한 쿠빌라이에 대한 훌레구의 강력한 항의, 자기가 즉위했던 과정을 예시하면서 아릭 부케의 사면을 요구한 알구, 쿠빌라이의 즉위 자체를 반대했던 베르케를 생각했다면, 쿠빌라이는 이 모든 반대를 무릅쓰고 굳이 아릭 부케를 처형시켜, 그렇지 않아도 취약한 자신의 정통성을 위태롭게 하고 싶지는 않았을 것이다.

---

60. 卷126「安童傳」, p. 3081.
61. Rashid/Boyle, p. 266.

아릭 부케의 사망에 관해서는 기록들이 엇갈린다. 라시드 앗 딘은 아릭 부케가 쿠빌라이와 1개월 6일 동안 같이 있다가 사망했다고 했으나,[62] 앞에서도 언급했듯이 그는 쿠빌라이가 훌레구의 항의를 받은 뒤 1년 동안 아릭 부케를 접견하지 않았다고 했기 때문에 분명히 자기모순을 범하고 있다. 그는 또 다른 곳에서 '범해'인 1266년 가을 아릭 부케가 병으로 사망했다고 하기도 했다.[63] 와싸프는 쿠빌라이가 아릭 부케의 사죄를 받아들여 그를 용서해 주었지만, 그를 부인 한 명과 시종 몇 명과 함께 지방으로 보내버렸다고 적었다.[64] 로사비 교수는 아릭 부케가 구금된 상태로 몇 년간 보내다가 사망했고 그가 독살된 것이 아닌가 하는 의혹이 있었다고 주장했는데 그 근거는 밝히지 않았다.[65]

아무튼 아릭 부케의 사망으로 쿠빌라이는 뭉케 사망 이후 벌어진 계승분쟁에서 최후의 승리자가 되었다. 그러나 그가 치러야 했던 대가는 너무나 큰 것이었다. 카이두를 중심으로 하는 "귀부하지 않은 사람들"이 쿠빌라이의 권위를 부인하며 제기한 도전은 그 후 40년 동안 제국 전체를 전란의 소용돌이로 몰고 갔다. 나아가 그가 아릭 부케의 지지세력을 분열시키기 위해 제시한 '제국의 분할통치안'은 대몽골 울루스 전체의 구조를 근본적으로 바꾸어 놓는 결과를 초래했던 것이다.

필자는 쿠빌라이의 집권이 이제까지 많은 사람들이 믿었듯이 몽골제국의 '분열'을 가져온 것은 아니라고 본다. 쿠빌라이가 권력을 장악하기 위해 서방의 제왕들에게 제시한 것은 제국의 분할통치, 즉 이제까지 대칸이 직접 관할해 오던 서아시아와 중앙아시아의 정주민들에 대한 통치권을 훌레구와 알구에게 위임한 것이었다. 이러한 통치권의

---

62. 『칸의 후예들』, p. 4457; Rashid/Boyle, p. 310. D'Ohsson도 이를 받아들였다(佐口透 譯, 『モンゴル帝國史』 卷3, pp. 24-25).
63. 『칸의 후예들』, p. 396; Rashid/Boyle, p. 265.
64. *Târîkh-i Waṣṣâf*, p. 14; *Taḥrîr-i Târîkh-i Waṣṣâf*, p. 4.
65. "The Reign of Khubilai Khan," *The Cambridge History of China*, vol. 6: Alien regimes and border states, 907-1368 (Cambridge: Cambridge University Press, 1994), p. 424.

위임이 대칸의 제국 장악력에 제한을 가져온 것은 사실이지만, 그렇다고 그것이 반드시 '대몽골 울루스'라는 제국의 단일성을 부인하고서 이루어진 것은 아니었다. 앞에서도 언급했듯이 '대원'이라는 국호도 몽골제국이 분열된 뒤 중국적인 왕조를 표방하며 탄생한 쿠빌라이 정권의 새로운 이름이 아니라, 기왕에 '대몽골 울루스'를 나타내던 다양한 한자식 명칭—'대몽고국' 혹은 '대조' 등—을 폐기하고 그 대신 만들어낸 또 하나의 명칭에 불과하였다. 따라서 쿠빌라이는 여전히 단일 제국의 최고군주 즉 대칸이었고 그 같은 사실은 그 자신뿐만 아니라 다른 제왕들도 인정하고 있었다. 다만 그의 집권으로 인해 '대몽골 울루스'를 구성하던 울루스들이 보다 많은 정치·정치적 독립성을 갖게 된 것은 사실이고, 이러한 변화를 바탕으로 개별 울루스들이 정치·경제·외교적으로 독자적인 정책을 추구하기 시작한 것도 사실이다. 동아시아와 몽골 초원으로 축소된 쿠빌라이의 직접적인 통치영역 즉 '카안 울루스 = 쿠빌라이 울루스'도 제국 전체의 이해관계와는 별도로 독자적인 정책을 추구하게 되었다.

따라서 몽골제국과 고려와의 관계도 쿠빌라이의 제국분할 이후 새로운 전기를 마련할 수밖에 없게 되었다. 그 이전에 고려에 대한 정책은 제국 전체의 입장에서 검토·결정된 것이었지만, 이제는 그런 측면보다는 '쿠빌라이 울루스'의 이해관계를 우선적으로 고려한 상태에서 결정될 수밖에 없게 되었기 때문이다. 쿠빌라이 집권 이후 고려와 몽골의 관계는 이전과 같이 단지 단일한 제국 '대몽골 울루스'와의 관계로 이해해서는 곤란하거니와, 그렇다고 중국적 왕조를 닮아가는 '원조'와의 관계로 파악되어도 안 될 것이다. 쿠빌라이 이후 여·몽(麗·蒙)관계는 고려와 '쿠빌라이 울루스'와의 관계를 중심으로 펼쳐지게 되었고, 고려의 정치적 위상도 이 같은 관계의 특수성과 연동하면서 결정될 수밖에 없었다.

V. 고려의 위상

1. 쿠빌라이와의 만남

제2대 카안으로 즉위한 우구데이는 1231년 사르타이(撒禮塔, *Sartai)를 고려로 파견하여 고려에 대한 본격적인 정벌전을 시작했다. 당시 무신들에 의해 좌우되던 고려 조정은 1232년 강화도로 도읍을 옮기고 항쟁을 계속했지만, 몽골의 기병들은 이후 30년간 한반도 거의 전역을 유린하였다. 마침내 1259년 정변에 의해 대몽 강경론을 주도하던 최씨 정권이 무너지자 강화론은 대세를 이루게 되어, 고종은 태자 전(倎)을 몽골로 보내어 투항의 뜻을 밝히기로 결정하였다. 40여 명에 이르는 태자 일행이 강화를 떠난 것은 1259년 5월 14일이었으니, 뭉케 카안이 사망하기 불과 두세 달 전의 일이었다.

6월 9일 태자 일행은 동경(東京 = 遼陽)에 당도했고, 당시 뭉케가 남벌군을 이끌며 주둔하고 있던 사천의 조어산으로 가기 위해 연경에서 경조를 거쳐 동관(潼關)을 경유하는 길을 택했다. 그러나 일행이 경조를 지나 육반산에 이르렀을 때 뭉케의 사망을 접하게 되었는데, 당시의 상황에 대해서 『고려사』는 다음과 같은 기록을 남기고 있다.

[왕이] 육반산에 도착하니 헌종(憲宗) 황제는 [이미] 붕어했고, 아릭 부케(阿里孛哥)는 군대를 삭방(朔方)에 배치하고 있어, 제후들은 미심쩍어 누구를 따라야 할지 모르고 있었다. 당시 황제(皇弟) 쿠빌라이는 강남에서 군대의 위세를 자랑하고 있었다. 이윽고 왕은 남쪽으로 방향을 돌려 험로를 거쳐 양초지교(梁楚之郊)에 이르니, 마침 황제(皇弟)는 양양(襄陽)에서 군대를 돌려 북상하고 있었다.[1]

뭉케의 사망이 7월 30일이었음을 상기하면, 태자 일행이 육반산에 도착한 것은 빨라도 8–9월일 가능성이 높다. 당시는 이미 뭉케가 직접 지휘하던 우익군에 속하던 제왕과 병력 가운데 상당수가 카안의 영구(靈柩)를 모시고 북상한 뒤였고, 장차 벌어질 계승분쟁의 귀추를 예상하며 촉각을 곤두세우고 있을 때였다.

우리는 앞에서 몽골의 핵심 지배층조차도 쿠빌라이와 아릭 부케 두 사람에 대한 지지가 엇갈리고 상당수는 분명한 의사를 표시하지 않은 채 관망상태였던 사실을 지적한 바 있다. 그렇다면 몽골 지배집단 내부의 권력관계에 대해서 별다른 정보를 갖지 못했을 고려의 태자 일행이 쿠빌라이와 회견한 것은 "천명과 민심의 거취를 능히 깨달아, 가까운 곳을 버리고 먼 곳으로 갔다"[2]고 한 『고려사』 찬자(撰者)의 사평(史評)처럼 놀라운 혜안이 아닐 수 없다. 그러나 과연 그들이 당시의 정세에 대한 정확한 판단을 근거로 그러한 선택을 한 것일까.

일단 태자 일행의 행정(行程)을 복원해 보도록 하자. 위의 인용문은 태자 전이 북상하던 쿠빌라이와 조우한 '양초지교(梁楚之郊)'라는 지점에 대해서 후일 이제현(李齊賢)은 '변(汴)' 혹은 '변량지지(汴梁之地)'라고 했고,[3] 『고려사』의 다른 곳에서도 '변량지허(汴梁之墟)'라고 표현되어 있는데,[4] 이는 황하 남안(南岸)의 개봉(開封) 부근이었음이

1. 『高麗史』 卷25 「元宗 · 一」, 上, p. 505.
2. 『高麗史』 卷27 「元宗 · 三」, 上, p. 563.
3. 『益齋亂藁』(韓國文集叢刊 卷2) 卷6 「在大都上中書都堂書」, p. 544; 卷8 「乞比色目表」, p. 574.
4. 『高麗史』 卷31 「忠烈王 · 四」, 上, p. 640.

분명하다. 쿠빌라이가 악주(鄂州)에서 철군하기 시작한 것이 12월 16일이고 연경에 도착한 것이 1260년 1월 4일이었기 때문에, 이들의 변량회합(汴梁會合)은 12월 말경으로 추정할 수 있을 것이다. 쿠빌라이는 연경 근교에서 겨울을 보낸 뒤 1260년 봄 개평부로 왔고, 태자는 거기서 고종의 부음을 접하고 사흘 동안 복상(服喪)하다가 쿠빌라이의 명령에 따라 귀국길에 올랐다. 태자가 개경으로 다시 돌아온 것은 4월 26일(三月 甲申)의 일이었다.[5]

이렇게 볼 때 태자 일행은 육반산 도착 이후 적어도 2-3개월을 섬서·하남 부근에서 체류했던 것으로 추측할 수 있다. 그동안 이들이 무엇을 했는지를 확인할 길은 없으나 적어도 뭉케 사망 이후의 정세를 살피고 있었던 것으로 볼 수 있다. 당시 육반산에는 쿤두카이를 비롯하여 아릭 부케 지지파가 대세를 점하고 있었으나, 앞에서 지적했던 것처럼 뭉케의 우익군에 속해 있던 한군은 속속 북중국으로 귀환하고 있었고, 만약 태자 일행이 정세파악을 위해서 탐문을 했다면 그 대상은 몽골인들보다는 한인이었을 가능성이 높다. 따라서 태자 일행이 쿠빌라이를 찾아가기로 결정을 내린 데에는 대부분 쿠빌라이 쪽으로 경도되어 있던 한인 지도층의 견해를 참작했거나 혹은 그들의 적극적인 회유에 이끌린 결과일 가능성을 배제할 수 없다. 그렇다고 하더라도 쿠빌라이와 아릭 부케 양측의 우열을 판단하기 힘든 안개정국 속에서 쿠빌라이에 대한 지지를 공개적으로 천명하는 것이 고려왕조의 운명을 건 위험한 도박이라는 점을 모르지는 않았을 것이며, 어차피 지난

---

5. 『高麗史』 卷25 「元宗·一」, 上, pp. 505-506. 『高麗史』 卷25 「元宗·一」(上, p. 505)에 의하면 1260년 二月 乙丑에 태자 일행이 이미 서경을 통과했다는 기록이 보이는데, 『元史』 卷4 「太祖·一」(p. 63)에는 쿠빌라이가 개평부에 도착한 날짜가 三月 戊辰朔(4월 12일)으로 되어 있다. 그런데 『高麗史』 卷25 「元宗·一」(上, p. 504)에는 "왕이 京兆府에 있을 때 부음을 듣고 사흘간 服喪한 뒤, 쿠빌라이 대왕의 명령을 받고 귀환했다."는 기록이 보이는데, '京兆府'는 '개평부'의 잘못으로 추측된다. 그러나 그 출발한 날자가 二月 壬戌(4월 6일)로 되어 있어 개평에서 태자 일행의 귀환은 『高麗史』의 기록대로 陰 二月로 보는 것이 타당하지 않을까 생각된다.

30년간 국왕친조(國王親朝)와 출륙환도(出陸還都)를 거부해 온 터에 신임 대칸도 정해지지 않았는데 구태여 서두를 필요는 없었을 것이다.

그런 의미에서 태자 일행과 쿠빌라이의 변량회합이 쿠빌라이 지지를 표명하기 위한 고려 측의 정치적인 결단의 결과가 아닐 수 있다는 점도 생각할 필요가 있다. 즉 그들의 귀국 행로(京兆→ 汴梁→ 燕京)가 악주에서 쿠빌라이의 북상로(鄂州→ 汴梁→ 燕京)와 상당 부분 일치하고 있기 때문에 도중에 우연히 조우했을 수도 있고, 사태의 추이를 살피기 위해 변량 부근에 머물고 있다가 북상하던 쿠빌라이 일행과 마주쳤을 수도 있기 때문이다. 앞의 인용문에서 "이윽고 왕은 남쪽으로 방향을 돌려 관문(關門)을 거쳐 양초지교에 이르니, 황제가 마침 양양에서 회군하여 북상하고 있었다(王遂南轅閒關至梁楚之郊, 皇弟適在襄陽班師北上)"라는 표현도 우연한 조우의 인상을 풍기고 있다. 또한 양인의 회견장면을 묘사한 기사에는 태자가 예복을 갖추어 입고 "폐백(幣帛)을 바쳤다"는 내용만 있을 뿐, 태자가 고려를 떠날 때 지니고 온 표문(表文)을 전달했다는 기록이 보이지 않는 점도 신속(臣屬)을 작정하고 만난 것이 아닐 가능성을 보여준다. 더구나 태자 일행은 쿠빌라이와 함께 개평부에 도착한 직후 곧바로 귀국길에 올라 5월 5일에 개최된 쿠릴타이에조차 참석하지 않았다는 사실은 매우 중요하다. 만약 쿠빌라이를 차기 대칸으로 인정하고 신속하기로 했다면 개평 쿠릴타이에는 참석해야 마땅했을 것이다. 당시 몽골인들의 정치적 관념으로 볼 때 쿠릴타이 참석은 곧 그 당사자에 대한 지지를 표명하는 것으로 해석되었기 때문이다. 이렇게 볼 때 태자 일행이 쿠빌라이를 만나 예를 갖춘 것은 그가 차기 대칸임을 인정해서가 아니라 단지 황제(皇弟)에 대한 적절한 예우를 갖춘 것으로 보이며, 이런 맥락에서 볼 때 강회(江淮) 선무사 조량필(趙良弼)이 태자의 환국 직전에 한 것으로 알려진 다음과 같은 발언도 충분히 이해가 된다.

작년에 태자 전(倎)이 내조(來朝)했는데 마침 황제가 서방원정 중에 있었기 때문에, [태자는] 2년을 머물렀지만[6] [그에 대한] 대우가 소홀하여 그 마음을 회유하고 거두지 못했습니다. 그가 일단 귀국하게 되면 다시 오지 않으려 할 것이니, 마땅히 그 숙소와 음식을 후하게 하여 번왕(藩王)의 예로써 그를 대해 주어야 할 것입니다. 지금 그 부친이 죽었다는 소식이 전해졌으니, 전을 왕으로 세워 환국케 한다면, 그는 은덕에 감격하여 신하로서의 직분을 다하려고 할 것입니다. [그렇게 된다면] 병졸 일인의 힘도 들이지 않고 일국을 얻는 셈입니다.[7]

이 인용문은 태자 전의 '마음을 회유하지 못했다'라든지 '일단 귀국하면 다시 오지 않을 것이다'는 등 그의 향후 태도에 대해 쿠빌라이 측이 의구심을 품고 있었으며, 고려 측의 신속(臣屬)을 확보하기 위해서는 보다 적극적인 대책이 필요함을 인식하고 있었음을 보여준다.

쿠빌라이가 부친 사망을 이유로 개평 쿠릴타이에도 참석하지 않고 귀국하는 태자를 호송한다는 명분하에, 수리다이(束里大, Suridai)를 다루가치로 삼아 몽골 병사를 대동시켜 가도록 한 것도 분명한 입장을 표명하지 않은 고려 측을 압박하기 위함이었을 가능성도 배제할 수 없다. 이어 그는 형절(荊節) 등 25명을 사신으로 파견하여 서한을 전달(四月 丙午)했는데, 이 서한에서 그는 현재까지 몽골에 신복(臣服)하지 않는 나라는 천하에서 오로지 고려와 남송뿐이라고 지적하면서, 전이 태자의 몸으로 '봉폐납관(奉幣納款)'하고 '속신귀조(束身歸朝)'했는데 부친의 사망을 애도하기 위해 귀국을 청하였으므로 허락한 것이며, 만일 고려에서 반란을 일으켜 왕을 거역하는 자가 있다면 그것은 단지 고려국왕에 대한 반대가 아니라 자신에 대한 반란으로 간주하겠다는 등 자못 강경한 어조로 고려 측에 압박을 가하였다.[8] 그는 곧이어 사

6. 실제로 태자가 머문 기간은 1년도 채 안 되지만, 1259-60년의 해를 넘겼기 때문에 '2년'이라고 표현한 것으로 보인다.

7. 『高麗史』 卷25 「元宗・一」, 上, p. 506. 『元史』 卷4 「世祖・一」, p. 63에도 陝西宣撫使 염희헌이 이와 비슷한 취지로 한 말이 기록되어 있으나, 태자가 일단 귀국하면 돌아오지 않을지도 모른다는 등의 내용은 빠져 있다.

8. 『高麗史』 卷25 「元宗・一」, 上, pp. 506-507.

신 키타타이(其多大, Kitatai)를 보내어(四月 辛酉) 또 다른 조서를 전달하고, 고려의 신속을 용이하게 하기 위해 회유책을 제시했다. 즉 그것은 ① 고려 조정이 출륙(出陸)하여 백성들을 편히 살게 하자는 요구를 받아들이고, ② 고려 경내에 있는 몽골 병사를 철수시켜 달라는 요청에 따라 귀환명령을 내리며, ③ 1259년 二月 이후 포로가 되었거나 도주한 백성을 귀환시켜 달라는 요청을 수락하고, ④ 고려 국내에서 죄를 범한 자들을 사면시켜 주겠다는 것이었다.9

四月 戊午에 정식으로 국왕에 즉위한 원종(元宗)으로서도 쿠빌라이의 이러한 신속 요구에 대해 완강히 반대할 이유는 없었다. 이미 고려는 30년간의 전쟁으로 인해 피폐상은 극에 달했고, 강화에서의 항전도 더 이상 전망이 없었을 뿐만 아니라, 김준(金俊) 등의 무신들이 여전히 군권을 장악하고 있어 국왕의 지위는 내적으로 취약하기 짝이 없었다. 따라서 자신의 입근(入覲)을 귀부(歸附)의 표현으로 기정사실화하려는 쿠빌라이 측의 정책에 대해 달리 대안도 없었거니와, 오히려 최상의 방책은 그것을 적극적으로 받아들여 몽골과의 화평관계를 수립하는 것이라고 판단했던 것으로 보인다. 더구나 동방 삼왕가와 오부족군 등 고려에 인접한 몽골의 제세력이 쿠빌라이를 지지했던 상황도 고려 측의 결단을 촉진한 한 요인이 되었을 것이다. 이에 원종은 四月 丙寅에 영안공(永安公) 희(僖)를 사신으로 보내 쿠빌라이의 즉위를 축하하는 동시에 정식으로 고려의 신속 의사를 표시하게 된 것이다. 원종은 이 글에서 남송과 고려만이 복속하지 않고 있다는 쿠빌라이의 지적에 대해서 다음과 같이 해명하고 있다.

> 송이 불복한다는 것은 지당한 말씀입니다. [그러나 저희] 작은 나라를 돌이켜 보면 항상 대국을 섬기어 왔는데, 어찌 지금 같은 통일의 시기에 두 가지 마음을 품겠습니까? 한 해도 예빙(禮聘)을 거른 적이 없고 시키시는 일에 모두 복종하였

---

9. 『高麗史』 卷25 「元宗 · 一」, 上, p. 508.

습니다. 하물며 신은 몸소 입근(入覲)하여 넘치는 은혜를 입었거늘, 어찌 저를 [송에] 비유하시는지, 저는 지금 그 까닭을 모르겠습니다. 물러나 가만히 생각해 보면 제게 허물이 있었던 것이 아니라, 전일(前日) [폐하의] 권위를 두려워하여 제가 주저했던 것(徒處)을 아마 잘못이라고 지적하신 듯합니다. 그러나 만약 상조(上朝)에서 그 실정을 헤아리신다면, 그것 역시 가엽게 보아주실 수 있을 것입니다.[10]

즉 쿠빌라이가 형절을 통해 보내온 서한과 원종의 답신의 내용에서 우리는 원종이 태자의 신분으로 연경과 개평에 머물 때 쿠빌라이에게 고려의 신속에 관한 분명한 입장을 밝히지 않았을 뿐만 아니라, 부친 고종의 사망을 이유로 개평 쿠릴타이에도 참석하지 않은 채 귀국을 강행했었음을 알 수 있다. 그러나 아릭 부케와의 일전을 앞둔 쿠빌라이는 고려 측의 이 같은 미온적인 태도를 그대로 방치할 수 없었고, 따라서 태자의 입근을 납관과 내부(來附)의 표명이라고 일방적으로 간주하고 태자를 호위하여 귀국시키고 왕위에 앉도록 한 것이다. 따라서 고려가 정식으로 쿠빌라이에게 신속을 표명한 것은 태자 전의 입근과 회견이라기보다는 그가 귀환하여 원종으로 즉위한 뒤 쿠빌라이의 개평 즉위를 축하하기 위해 영안공을 필두로 하는 사절단을 통해서였다고 할 수 있다.

원종은 국내외적인 여건으로 보아 신속을 받아들일 수밖에 없는 상황이었으나, 신속의 조건으로 여섯 가지 사항('六事')을 받아들여줄 것을 요청했다. 쿠빌라이는 그 요구를 받아들이고 귀환하는 영안공을 통해 3통의 조서를 전달해 주었는데, 그 여섯 가지 사항은 다음과 같다.

① 의관은 본국지속(本國之俗)에 따를 것이며 상하가 모두 개역(改易)치 아니할 것.

② 행인(行人)은 조정에서 보내는 것을 제외하고는 다른 사신(餘使)

10. 『高麗史』 卷25 「元宗・一」, 上, p. 509.

은 일체 금절할 것.

③ 출륙환도의 지속(遲速)은 역량에 맞추어 진행시킬 것.

④ 압록강 유역에 주둔하는 몽골 병사는 가을 내로 철수할 것.

⑤ 다루가치 일행은 서환(西還)토록 할 것.

⑥ 몽골 측에 사신으로 온 10여 명에 대해서는 그 소재를 철저히 조사할 것.[11]

여기서 제시된 여섯 가지 항목들을 고려의 입장에서 보면 상당한 '양보'를 얻어낸 것이라고 할 수 있다. ④와 ⑤ 즉 몽골 군대와 다루가치의 철수 및 본국지속의 유지는 고려의 내정의 독립성을 보장해 주는 것이었고, ③의 출륙환도는 쿠빌라이의 강요에 의해서가 아니라 이미 그 전에 고려 조정에서도 결정한 사항인데 출륙의 시기도 고려 측에 최대한의 재량권을 주었기 때문이다. 그러나 이러한 고려 측의 요구는 당시 최대의 현안이 아릭 부케와의 대결이었고 이를 위해서 무엇보다도 동쪽 변경의 안정이 필요했던 쿠빌라이의 입장과 크게 어그러지는 것이 아니었기 때문에, 고려 측의 요구를 거부함으로써 불필요한 힘을 소모하는 것은 그에게도 현명한 방책은 아니었을 것이다. 즉 ④와 ⑤는 아릭 부케와의 전쟁을 목전에 둔 상황에서 병력과 인력의 보강을 위해서 필요한 조치였다고 볼 수 있으며, ①에 관해서는 뒤에서 자세히 논하겠지만 몽골이 다른 지역의 정복민들에게도 공히 시행하던 것이었기 때문에 특별히 우대조항이라고 하기는 어렵다. ②의 항목에서 언급된 '조정'은 물론 쿠빌라이의 조정을 지칭하는 것일텐데, 그 외의 사신들(餘使)에 대한 지적은 쿠빌라이 이외에 다른 제왕들, 특히 만주 지방에 포진하고 있던 동방 울루스 측이 요구할지도 모를 가중한 요구에 대한 고려 측의 우려와 관련된 것일 수도 있지만, 남송이나 아릭

11. 『元高麗記事』, pp. 14-15; 『高麗史』 卷25 「元宗・一」, 上, p. 508.

부케 측이 고려와 접촉할 것을 미연에 차단하기 위한 쿠빌라이의 계산에서 비롯된 것일 수도 있다. 앞에서도 지적했듯이 아릭 부케가 파견한 도르지는 1260년 초경까지도 내몽골과 북중국 방면에서 물자와 병력을 징발했었기 때문에, 쿠빌라이로서도 이에 대한 우려가 없을 수 없었을 것이다.

이렇게 해서 아릭 부케와의 전쟁을 앞두고 이념적 · 현실적으로 매우 긴박한 처지에 있던 쿠빌라이와, 오랜 항전으로 국력은 피폐하고 왕권도 약화된 고려 왕실은 신속과 화의를 통해 최상의 타협책을 발견한 것이다. 따라서 고려의 신속은 우리가 흔히 알고 있듯이 '변량지회'(汴梁之會)를 통해서 극적으로 이루어진 것이라기보다는, 사태의 추이를 살펴보며 향배를 결정하려고 했던 원종과 아릭 부케와의 대결을 목전에 둔 쿠빌라이 두 사람이 모두 거의 동시에 즉위한 직후에 타결된 것이었다. 이런 의미에서 "6,000리를 두루 지나서 [쿠빌라이를] 영배(迎拜)했다"[12]든지 혹은 "가까운 곳을 버리고 먼 곳으로 갔다"는 등의 후세의 평가는 여몽화의(麗蒙和議)가 고려 측의 주체적이고 자발적 결단에 의한 것임을 강조함으로써 그것이 갖는 역사적 의미를 돋보이게 하고 몽골 측에 대한 고려의 입장을 강화하려는 의도가 다분히 엿보인다. 또한 개평에서의 독자적인 쿠릴타이를 열었던 쿠빌라이도 고려의 자발적인 내부(來附)를 강조하는 쪽이 자신의 정통성을 과시하는 데에 훨씬 더 유리했을 것이다. 따라서 그가 태자 일행을 만난 직후에 "고려는 만 리 밖에 있는 나라로서, 당태종이 친정을 했어도 복속시키지 못했는데, 지금 그 세자가 내게 내귀(來歸)하니 이는 하늘의 뜻(天意)이로다!"[13]라고 한 것도 개평에서 즉위하기도 전에 고려가 내부하러 왔음을 입증하는 증거로 볼 것이 아니라, 쿠빌라이가 아릭 부케

---

12. 前揭「乞比色目表」, p. 574.
13. 『高麗史』 卷25「元宗 · 一」, 上, p. 506; 『高麗史節要』 卷18「元宗」, p. 463.

와의 대결을 앞두고 자신의 정통성을 내외에 과시하려는 정치적 선전으로 이해하는 쪽이 타당할 것이다.

2. '속국'관계의 성립

몽골제국의 지배층은 정치적 복속의 여부를 근거로 한 이원론적 세계관을 갖고 있었다. 즉 지상의 모든 사람들은 카안의 지배에 복종하는 '속민'(屬民, il irgen)과 그렇지 않은 '역민'(逆民, bulgha irgen)으로 양분되었던 것이다.[14] 그들의 이러한 세계관은 구육이 1246년 교황 인노켄티우스 4세에게 보낸 서한에 찍힌 인장의 문명(文面), 즉 "영원한 하늘의 힘에 기대어! 대몽골 울루스의 사해 군주의 칙령. 속민과 역민에게 [이 칙령이] 이르게 되면, 공경하라! 두려워하라!"는 문구에서 극명하게 드러난다.[15] 그러나 몽골의 입장에서 볼 때 역민은 언제까지나 역민으로 방치될 수 있는 존재가 아니었다. 몽골의 군주나 장군들이 교황이나 프랑스 국왕 등에게 보낸 칙서의 모두서식(冒頭書式)에서도 드러나듯이, 역민들도 궁극적으로는 '영원한 하늘의 힘'(möngke tngri-yin küchün), 즉 '신의 명령'(Order of God)을 받은 몽골제국의 카안에게 복속되어야 하는 존재로 인식되었고, 그런 의미에서 몽골인들의 눈에 자신들이 건설하는 제국은 "여러 나라들 가운데 한 나라"가 아니라 "태동하는 세계제국"(imperia nascendi)이었던 것이다.[16]

몽골인들의 눈에 역민의 군주에게는 두 가지 선택의 길밖에 없었다.

---

14. T. A. Allsen, "The Yüan Dynasty and the Uighurs of Turfan in the 13th Century," *China among Equals: The Middle Kingdom and Its Neighbors, 10th-14th Centuries* (ed. Morris Rossabi, Berkeley: University of California Press, 1983), p. 243.
15. P. Pelliot, *Les Mongols et la Papauté* (Paris, 1923), pp. 22-25.
16. E. Voegelin, "The Mongol Order of Submission to European Powers, 1245-1255," *Byzantion*, vol. 15 (1940-41), p. 404.

하나는 자발적으로 '복속'(il)하여 카안에게 신종(臣從)함으로써 "자신의 왕국을 평화 속에 보존하는 것"이고, 또 하나는 그것을 거부하고 파괴와 절멸의 운명을 각오하는 것이었다.[17] 우리는 타타르 · 케레이트 · 메르키트 · 나이만 등 초원의 여러 부족과 발흐 · 메르브 · 니샤푸르와 같은 호라즘 왕국의 수많은 도시들이 끝까지 저항하다가 결국 멸종과 파괴를 그 대가로 치렀던 사실을 잘 알고 있다. 따라서 고려가 아무리 '자발적'인 복속을 했다고는 하지만 지난 30년간 집요한 대몽항쟁을 해왔다는 점을 생각하면, 몽골 측에서 아무런 응징조치를 취하지 않았던 것은 의외라고 아니할 수 없다. 아마 이러한 유화책의 배경에는 아릭 부케와의 대결을 목전에 둔 쿠빌라이로서 고려에 대한 과거의 불복을 문제삼아 군사적 강경책을 쓸 여유도 없었거니와, 가능하면 빨리 고려의 신속을 받아들여 대칸으로서의 정통성을 내외에 과시하고자 하는 의도도 작용했을 것이다. 그렇지만 어느 왕국이나 집단이 자발적인 복종을 선택했다고 해서 완전한 자유가 보장되는 것은 아니었다. 이들은 복속의 표시로 일정한 의무를 수행하지 않으면 안 되었는데, 원종이 신속의 뜻을 분명히 한 뒤 고려 측에 처음으로 이러한 의무조항이 제시된 것은 1263년 초의 일이었다. 1월 13일에 전달된 조서에서 쿠빌라이는 "대저 원근의 여러 신부지국(新附之國)에 대해서 나의 조종(祖宗)들께서는 이미 정해놓은 규칙이 있다"고 하면서, 납질(納質), 적민(籍民), 치역(置驛), 조군(助軍), 수량(輸糧)의 의무를 수행하라고 통고했던 것이다.[18]

이러한 조항은 원종 9(1268)년 5월 4일에 전달된 조서에서 보다 구체적으로 적시되었다. 쿠빌라이는 칭기스 칸이 '내속지국(內屬之國)'에게 정해 놓은 의무조항들이 있다고 하면서, ① 인질의 송납(納質)

17. Ibid., p. 406.
18. 『高麗史』 卷25 「元宗 · 一」, 上, pp. 514-15.

② 군사적 지원(助軍) ③ 세량의 납부(輸糧) ④ 역참의 설치(設驛) ⑤ 호구조사(供戶數籍) ⑥ 다루가치의 설치(置達魯花赤)[19]를 열거했다. 통상 '육사(六事)'라는 이름으로 불리는 이 조항들을 1263년에 제시된 사항들과 비교해 보면 ①~⑤까지는 일치하나 ⑥이 추가되었음을 알 수 있다. 처음에 이 조항이 빠졌던 까닭은 1260년 고려가 최초로 신속의 의사를 표명할 당시 다루가치를 철수시켜 달라는 요구를 그가 받아들였었기 때문에, 시기적으로 얼마 지나지도 않아서 그것을 요구하기 어려운 사정 때문이 아니었나 추측된다. 그러나 아릭 부케의 투항, 이단의 반란의 진압 이후 대내외적 여건이 호전되고 일본 초유(招諭)를 적극적으로 시작하게 된 쿠빌라이로서는 고려에 다루가치를 주재시킬 필요성을 느끼고 그 점을 고려 측에 요구하게 된 것이다.[20]

그런데 이와 비슷한 시기인 1267년 九月 보낸 조서에도 ① 군주의 친조(君長親朝) ② 자제의 입질(子弟入質) ③ 호구조사(編民數) ④ 군사적 지원(出軍役) ⑤ 세부의 납부(輸納稅賦) ⑥ 다루가치의 설치(置達魯花赤) 등을 요구하였고,[21] 1275년 正月 쿠빌라이는 안남국(安南國) 사신이 돌아가는 길에 "구제(舊制)에 의거하여" ① 호구조사(籍戶) ② 다루가치의 설치(設達魯花赤) ③ 군대의 첨발(簽軍) ④ 역참의 설치(立站) ⑤ 세량의 납부(輸租) ⑥ 세공의 납부(歲貢) 등의 일들을 요구했고,[22] 이것을 고려 측에 제시된 것과 비교하면 한두 가지 항목의 차이가 있기는 하지만 기본적으로 거의 유사함을 알 수 있다. 다만 고려와 안남의 예에서도 알 수 있듯이 '육사'의 항목들은 고정불변이라기보다는 상황과 대상에 따라 약간의 변동이 있었다는 사실은 기억해 둘 필요가

---

19. 『高麗史』 卷26 「元宗・二」, 上, p. 526.
20. 쿠빌라이는 1268년 二月 壬寅 安慶公 淐을 통해 고려 측에 조서를 전달하고 다루가치 파견의 필요성을 강조했다. Cf. 『高麗史』 卷26 「元宗・二」, 上, p. 525.
21. 『元史』 卷209 「安南」, p. 4635.
22. 『元史』 卷8 「世祖・五」, p. 160.

있다. 쿠빌라이가 '내속지국'에 대해서 요구하는 '육사'가 칭기스 칸에 의해 정해진 것이라고 했고 혹은 '구제(舊制)에 의한 것'이라고 천명하기도 했지만, 사실 그 항목들이 모두 칭기스 칸의 시대에 불변의 것으로 정해진 것이 아니었음을 알 수 있다. 예를 들어 역참 설치와 호구조사(括戶)는 우구데이 치세에 새로이 첨가된 것으로 보는 것이 타당할 것이다.[23] 즉 몽골의 정복전이 정주지대로 광범위하게 확산되면서 제국의 영역이 팽대해지자, 새로운 인적·물적 자원의 확보를 위해 호구조사를 실시하기 시작했고, 또 원활한 교통과 통신 및 물자수송을 위해 역참 설치를 지시했던 것이다. 이 두 항목을 제외한 나머지는 모두 칭기스 칸 시대부터 존재했던 것이고, 이미 몽골 초원의 통일과정에서도 확인되고 있다. 우선 군장친조(君長親朝)가 처음 보이는 것은 카를룩(哈剌魯, Qarluq)의 군주인 아르슬란 칸(阿昔蘭罕, Arslan Khan)과 위구르의 이두쿠트(亦都護, Iduqut/Idiqut)의 입조(入朝)였다.[24] 자제입질(子弟入質)의 기원은 1206년 칭기스 칸이 초원을 통일한 직후 1만 명의 친위병을 조직할 때 몽골인 만호장(萬戶長)·천호장·백호장·십호장의 자제들을 입시(入侍)시킨 것이지만,[25] 금·서하 등에 대해서도 군주 자제의 입질을 요구했었다.[26] 또한 칭기스 칸이 1226년 서하를 원정한 이유도 그가 호라즘을 원정할 때 조군(助軍)하기로 한 약속을 이행하지 않았기 때문이었다.[27] 사료상 다루가치(darughachi)의 설치가 처음으로 확인되는 것은 칭기스 칸이 호라즘 원정을 마치고 귀환하던 1224~25년 경 중앙아시아 각 도시에 다루가치를 임명했다는 기록이지만,[28] 그보다 앞서 1220년 봄 부하라 정복 직후부터 이미 그러한 조

---

23. T. A. Allsen, "The Yüan Dynasty and the Uighurs of Turfan in the 13th Century," p. 261.
24. 『몽골비사』, 235절(유원수 역, pp. 206, 207); 『元史』 卷1 「太祖」, p. 15.
25. 『몽골비사』, 224절(pp. 197-98).
26. 『元史』 卷1 「太祖」, p. 23; 卷2 「太宗」, p. 31.
27. 『몽골비사』 265절.

치가 취해진 것으로 보인다.[29] 다루가치의 일차적인 임무는 공물의 징수였기 때문에[30] '육사' 가운데 수납세부(輸納稅賦) 혹은 수량(輸糧)과도 직결된 사항이었지만, 동시에 그는 속국에 파견된 카안의 대리인이기도 했다.[31] 따라서 '육사'의 항목들 가운데 친조(親朝)와 입질은 정치적인 측면에서, 조군(助軍)은 군사적 측면에서, 괄호와 역참과 수량은 경제적 측면에서 각각 몽골제국에 대한 복속을 표현하는 것들이고, 다루가치는 카안의 대리인으로 이러한 측면들을 총괄적으로 감독하는 존재였던 것이다.

몽골제국이 '속국' 혹은 '속민'들에 대해 요구했던 것은 이처럼 기본적으로 정치·군사·경제적인 측면이었을 뿐, 종교·법제·풍속 등 사회·문화적인 제도 전반을 몽골식으로 바꾸도록 강요하지는 않았다.[32] 특정한 집단들에게 고유한 풍속과 법제 즉 '본속(本俗)'을 따르게 하는 정책은 제국 말기까지 계속되었다. 종교의 자유를 허용하고 각 종교의 지도자들에게 면세의 혜택까지 부여한 것은 이미 널리 알려진 바이지만, 혼인의 경우에도 "동류의 제색인(諸色人)이 서로 혼인할 때에는 각각 본속법(本俗法)에 따르도록 한다"는 규정이라든가,[33] 빙

---

28. 『몽골비사』 263절.
29. 주베이니의 『세계정복자사』(*The History of the World-Conqueror*, p. 105)에는 칭기스칸이 부하라에 몽골인·투르크인 출신의 바스칵(basqaq)을 임명했다는 기사가 보이는데, 투르크어의 basqaq은 몽골어의 darughachi, 페르시아어의 shaḥna와 실제로 동일한 것이다. bas-와 darugha-는 '누른다'는 뜻을 지닌 동사로서 '押印'을 뜻하고, shaḥna는 '監官'을 뜻한다. Cf. G. Doerfer, Türkische und mongolische Elemente im Neupersischen, vol. 1(Wiesbaden: Franz Steiner, 1963), pp. 319-23; vol. 2(1965), pp. 241-43; E. Endicott-West, *Mongolian Rule in China: Local Administration in the Yuan Dynasty*, Cambridge: Mass., Harvard University Press, 1989, p. 18). 그러나 최근 D. Ostrowski는 darughachi는 민정을, basqaq은 군정을 담당하는 별도의 직능을 갖는 관직명이라는 견해를 제시하였다(*Muscovy and the Mongols: Cross-Cultrual Influences on the Steppe Frontier, 1304-1589*, Cambridge: Cambridge University Press, pp. 37-45).
30. Endicott-West, *Mongolian Rule in China,* pp. 18-19.
31. Barthold, *Turkestan down to the Mongol Invasion*, p. 401.
32. 라츠네프스키, 『칭기스칸』(김호동 역, 지식산업사, 1992), p. 156.
33. 『大元聖政國朝典章』(이하 『元典章』; 臺北: 國立故宮博物院, 1976) 卷18, 4r; 『通制

재(聘財)와 관련된 소송의 경우에 "몽고・색목인들은 각기 본속에 의거한다"라는 규정,[34] 혹은 수계혼(收繼婚)과 관련된 사항에서도 "각각 본속법에 따른다"는 규정[35] 등에서 알 수 있듯이 본속법이 존중되었고, 오히려 본속이 아님에도 불구하고 수계혼을 하는 자에 대해서는 처벌이 가해졌다.[36] 혼인 이외에 관직의 세습이나 부모의 상례에 대해서도 본속법은 지켜졌다.[37]

따라서 쿠빌라이가 1261년 초(中統元年 十二月) 안남에 사신을 보내 "너희 나라의 관료와 사서(士庶)에게 칙유를 내리노니, 대저 의관・전례(典禮)・풍속 등은 모두 본국의 구제(舊制)에 의거하도록 하라"[38]고 한 것도 몽골제국의 일관된 정책의 표현일 따름이며, 쿠빌라이가 1260년 고려 측의 요청을 받아들여 약속한 여섯 가지 사항 가운데 "의관은 본국의 풍속에 따를 것이며 상하가 모두 개역(改易)치 아니할 것"은 결코 어떤 '특혜'나 '예외'라고 할 수 없다. 후일 고려가 몽골 측의 간섭 강화에 대해 쿠빌라이가 약속했던 '불개토풍(不改土風)'을 들어 대응한 것, 또 그것이 나름대로 설득력을 가질 수 있었던 것도 실은 몽골제국의 기본 정책이 본속법(本俗法)주의였기 때문이었다.

아무튼 몽골제국은 고려를 '내속지국(內屬之國)'으로 간주하고 '육사'의 이행을 거듭 요구해 왔고, 고려로서도 이를 거부하기란 어려운 일이었다. 고려 조정은 원종 9년(1268) 四月 이장용(李藏用)을 몽골로 파견하여, 당시 일본원정을 준비하던 몽골에 대해서 힘이 닿는 대로 ② 군사지원과 ③ 세량납부의 의무를 수행할 것을 약속했으나, ⑤ 호적의 제공(供戶數籍)과 ⑥ 다루가치의 설치(置達魯花赤)에 관해서는 출

條格校注』(方齡貴 校注, 北京: 中華書局, 2001), p. 169.

34. 『通制條格校注』(方齡貴 校注), p. 143.
35. 『元典章』, 卷18, 39r-39v.
36. 『元史』 卷34 「文宗・三」, p. 676.
37. 『元史』 卷26 「仁宗・三」, p. 589; 卷83 「選擧・三」, p. 2068.
38. 『元史』 卷209 「安南」, p. 4634.

륙한 지 얼마 안 되는 시점에서 복구의 분망함으로 당장 시행하기 어려움을 호소하고 시간적인 말미를 요청했다.[39] 고려에 대한 '육사'의 요구가 모두 관철되었느냐의 여부에 관해서는 학계에서 일치된 견해가 없는 듯하다. 예를 들어 납질을 제외한 다른 다섯 가지 항목에 대해서 고려는 끈질기게 회피하며 저항하여 실질적으로 이행하지 않았다는 견해[40]라든가, 호구(戶口)의 편적(編籍)과 조부(租賦)의 수송의 두 항목을 이행치 않았다는 견해[41]가 있다. 그러나 한편으로는 원종 10년(1269)에 실시된 "계점민호 갱정공부(計點民戶 更定貢賦)"는 ⑤의 이행과 연관된 것으로 보는 주장이 있으며,[42] 원종 13년(1272) 正月 辛巳에 정역소복별감(程驛蘇復別監)을 여러 도에 파견하여 ④역참 설치도 이행되었다는 주장이 제기되었다.[43] 원종 11년(1270) 五月 丙午 톡토아(脫朶兒, Toqto'a)가 신속 이후 최초의 다루가치로 파견되어 옴으로써 ⑥ 역시 지속적이진 아니라 할지라도 실현된 것으로 볼 수 있을 것이다.[44]

당시 몽골인들의 관점에서 il irgen 즉 '속민'은 카안의 지배에 복속하게 된 모든 사람들을 포함했고, 그런 면에서 볼 때 고려의 백성들 역시 카안의 '속민'이었다고 할 수 있다. 그러나 같은 '속민'이라고 하더라도 별도의 군주가 없이 카안의 지배를 받는 '직속민'과, 카안에게 신속(臣屬)한 군주의 지배를 받는 '속국민'은 구별될 필요가 있다. 고려는 물론 후자의 부류에 해당되었지만, 동아시아의 안남, 중앙아시아의 위구르, 서아시아의 아르메니아, 유럽의 러시아 등도 그러했다. 몽

39. 『高麗史』 卷26 「元宗・二」, 上, p. 526.
40. 高柄翊, 「元과의 關係의 變遷」, 『한국사』 권7(국사편찬위원회, 1984), pp. 395-401.
41. 張東翼, 『高麗後期外交史硏究』, p. 112.
42. 박종진, 「고려후기 재정 운영의 변화」, 『14세기 고려의 정치와 사회』(민음사, 1994), pp. 233-34.
43. 李益柱, 『高麗・元關係의 構造와 高麗後期 政治體制』, p. 50.
44. 『高麗史』 卷26 「元宗・二」, 上, p. 535.

골측이 신속 이후에도 '국'으로서의 고려의 독자성을 인정했던 사례는 다수 발견된다. 예를 들어 1271년 초에 전달된 조서에서 쿠빌라이는 원종에게 "경의 국은 비록 작지만, 그래도 경은 일국의 왕이 아닌가?"[45]라고 말한 것이 그러하다. 이러한 인식은 고려 측에서도 마찬가지였다. 1292년 충렬왕은 일본에 보낸 국서에서 "황제께서 특별히 은총을 베풀어 …… [나로 하여금] 조종(祖宗)을 승습(承襲)하고 국호를 보전케 했으며, 군신사직(君臣社稷)과 예악문물(禮樂文物)과 의관명분(衣冠名分) 등 일체를 예전처럼 하도록 했다."[46]라고 하여 국가로서의 독자성을 강조하였다. 심지어 1306년경에 완성된 라시드 앗 딘의 『집사』도 고려(Gôlî)를 "독자적인 지방"(mulkî ʿalîḥada)이라고 부르고 있는데,[47] mulk라는 말은 '지방, 왕국' 등을 의미한다. 따라서 고려의 독자성은 동아시아뿐만 아니라 서아시아에서도 인정되던 것이었음을 알 수 있다.

또한 '고려국왕'이라는 호칭도 왕국의 독자성을 보여주는 좋은 예라고 할 수 있다. 몽골제국 시대의 한문자료에는 '국왕'이라는 칭호로 불렸던 예가 수없이 보이는데, 이들은 성격상 크게 두 부류로 나뉜다. 하나는 몽골의 제왕·공신들이 칭했던 예이고, 또 하나는 외국의 군주들의 호칭이었다. 전자에 속하는 경우로 현재까지 확인이 가능한 것은 무칼리(木華黎, Muqali) 가문과 테무게 옷치긴(斡赤斤, 斡嗔那顔, Temüge Otchigin) 가문뿐이다. 무칼리는 1217년 북중국 경략의 책임을 맡을 때 칭기스 칸에 의해 '태사(太師)·국왕'으로 임명되었고,[48] 칭기스 칸의 막내아우 옷치긴이 국왕호로 불린 최초의 예는 1219년인데[49]

45. 『高麗史』 卷26 元宗11년 十二月 乙卯, 上, p. 538.
46. 『高麗史』 卷30 忠烈王18년 十月 庚寅, 上, p. 629.
47. 『칸의 후예들』, p. 421; Rashid/RK, 208v; Rashid/Boyle, p. 282.
48. 『元史』 卷1 「太祖」, p. 19. 그러나 『몽골비사』(202절)에는 1206년에, 『集史』(Rashid/RK, 98r)에는 1218년에 국왕(gui ong, gûyâng) 칭호를 하사한 것으로 기록되어 있다.
49. 『元史』 卷208 「高麗」, p. 4608.

이는 아마 칭기스 칸이 서쪽 정벌을 떠나면서 그에게 몽골 본지의 통치권을 위임하면서 부여한 것이 아닐까 추측된다. 이 두 가문의 국왕호는 후손들에게 세습되었다. 1269년 임연(林衍)의 폐립(廢立)사건이 일어났을 때 동경(遼陽)에서 군대를 소집하여 군사적 압력을 가했던 두련가(頭輦哥) '국왕'도 실은 무칼리의 증손자인 쿠룸시(忽林池, Qurumshi)와 동일인물이었다.[50] 이 두 가문의 국왕호의 경우에는 인명이 호칭의 전후에 첨가되는 것에 비해, 국왕호가 외국 군주들의 호칭으로 쓰이는 경우에는 국명이 그 앞에 첨가되었다. 현재 『원사』에서 확인되는 예로는 동아시아의 고려·일본, 중앙아시아의 위구르(畏兀, Uighur)·캉글리(康里, Qangli), 동남·남아시아의 안남·점성(占城, Champa)·면(緬, Mien)·섬(暹, Siam)·로칵(羅斛, Lokak)·쿨람(俱藍, Koulam) 등이 있다.[51] 이들 가운데에는 몽골의 간접적인 지배를 받는 '속국'도 있고 명실상부한 독립국도 포함되어 있지만, 모두 다 고유의 군주를 갖는 '독자적인 왕국'이라는 공통점을 갖고 있다.

앞에서도 설명했듯이 몽골제국 즉 대몽골 울루스는 카안과 제왕들의 직접 지배를 받는 다수의 울루스들로 구성되어 있었고, '직속민'은 그 울루스들의 내부에 존재하는 사람들이라고 할 수 있다. 반면 몽골제국의 정치적 종주권을 인정하면서도 외연적으로 존재하며 토착 군주의 지배를 받는 것이 '속국민'이었다. 이 두 부류는 모두 '복속(il)의 권역'에 속하는 것이었지만, 카안의 지배력이 관철되는 방식과 강도가 달랐다. 반면 '반역(bulgha)의 권역'은 제국의 외부에 존재하면서 그 지배권을 인정하지 않는 세계였다. 1260년 화의로 성립된 여·몽 관계는

---

50. 蕭啓慶, 「元代四大家族」, 『元代史新探』(臺北: 新文豊出版公司, 1983), pp. 146, 177; I. de Rachewiltz de., *In the Service of the Khan* (Wiesbaden: Otto Harrassowitz, 1993), pp. 493-94. 국왕 頭輦哥는 『牧菴集』(四部叢刊 初編) 卷24 「轉運鹽使曹公神道碑」의 국왕 塔納格爾와 동일인물이다.
51. 『元史』에는 이 밖에도 大理와 耽羅도 고유한 국명으로 언급되어 있으나, 후일 전자는 카안의 직속령으로, 또 후자는 고려국왕의 직속령으로 편입되었다.

기본적으로 속국관계였다. 다시 말해 그 관계는 독자성을 지닌 다수의 울루스로 분할되기 이전에 단일체로서의 몽골제국에 대해 고려가 속국의 위치에 있었음을 의미한다. 즉 쿠빌라이는 분할된 몽골제국의 일부를 이루는 '카안 울루스'의 군주로서가 아니라, 여전히 일체성을 유지하고 있던 제국 전체의 군주로서 고려국왕의 내부(來附)를 받아들인 것이었다. 따라서 고려는 어떤 국가가 자발적으로 복속하고 몽골의 종주권을 인정할 때 그 국가와 군주의 존속을 허용하던 칭기스 칸 이래의 관례에 따라 제국(帝國)의 외연적 속국으로서 국가적 독자성을 유지할 수 있게 되었던 것이다. 그러나 앞에서 살펴보았던 것처럼 쿠빌라이의 집권은 제국의 분할통치라는 결과를 가져왔고, 그 이후 쿠빌라이는 고려와의 관계를 결정할 때 제국 전체의 입장에서보다는 '쿠빌라이 울루스'의 이해에 입각한 정책을 실시하게 된 것이다. 따라서 여·몽 관계는 전처럼 일체성을 지닌 제국과의 관계가 아니라 제국의 일부인 '카안 울루스 = 쿠빌라이 울루스'에 대한 관계로 전환될 수밖에 없었다. 이제 그러한 관계가 어떠한 양상으로 나타나게 되었는지를 검토해 보도록 하자.

3. 부마와 국왕의 이중적 지위

고려 왕실과 몽골 황실과의 혼인의 직접적인 계기는 임연의 폐립사건이었다. 이는 1269년 무신 김준을 제거하고 조정의 실권을 장악한 임연이 원종을 폐위시키고 안경공(安慶公) 창(淐)을 옹립시킨 사건을 말하는데, 당시 쿠빌라이를 만나러 입조했던 세자 심(諶)은 귀환하는 길에 8월 22일 압록강 북안에 위치한 파사부(婆娑府)에 이르렀을 때 소식을 듣고 되돌아가서 쿠빌라이에게 사건의 전말을 고했던 것이다. 쿠빌라이는 10월 심을 특진상주국(特進上柱國)으로 임명하여 병력 3천명을 주어 귀국케 했고, 이어 그 다음 달에는 병부시랑(兵部侍郎) 흑적(黑的) 등을 파견하여 원종을 복위시켰다. 1270년 1월 원종은 쿠빌라이의 조정으로 가서 감사의 뜻을 전한 뒤, 중서성을 통해서 공주와 세자와의 혼인을 청하기에 이른 것이다.[52]

그러나 몽골 황실에 대한 청혼은 실제로 이보다 더 전에 이루어진 것으로 보인다. 이러한 사실은 국왕의 복위를 추진하러 고려에 온 흑적을 위해서 1269년 12월 16일 원종이 베푼 연회석상에서 흑적을 상좌에 앉히려고 했을 때 이를 사양하면서 그가 했던 다음과 같은 말을 통해서 확인된다.

> 현재 왕의 태자께서는 이미 황제의 딸과 혼인하기로 허락받았는데, 저희들은 황제의 신하이고 왕께서는 황제의 부마대왕의 부친이시니, 어찌 감히 항례(抗禮)할 수 있겠습니까? 왕께서 서향(西向)하시면 저희는 북면(北面)할 것이고, 왕께서 남면(南面)하시면 저희는 동면(東面)할 것입니다.[53]

이에 원종은 "천자의 사신이 어떻게 아랫자리에 앉을 수 있겠는가?"라고 하여, 결국 양측은 동서로 마주보며 좌정했다는 것이다.[54] 만약 이 기사가 사실이라면, 흑적이 고려로 오기 전에 이미 쿠빌라이는 심에게 공주와의 혼인을 허락했고, 흑적은 그 사실을 알고 있었다는 이야기가 된다.[55] 이러한 추측을 뒷받침하는 자료가 당시 세자 심을 따라 입조했던 정인경(鄭仁卿)의 묘지명이다. 즉 정인경은 세자와 함께 파사부에서 쿠빌라이에게 되돌아가 원종복위, 공주강가(公主降嫁), 견병토적(遣兵討賊) 등 몇 가지 조항을 청원했는데 이것들이 모두 윤허되었다는 것이다.[56] 충렬왕 즉위 후 그가 정오부(丁伍孚)·차득규(車

52. 『高麗史』 卷26 元宗11년, 二月 甲戌, 上, pp. 533-34; 『元史』 卷6 「世祖·三」, p. 123.
53. 『高麗史』 卷26, 元宗10년, 十一月 癸亥, 上, p. 532.
54. 같은 곳.
55. 金庠基, 『新編 高麗時代史』(서울대학교출판부, 1985), p. 517.

得珪) 등과 함께 일등공신으로 지정된 것도 당시의 공로 덕분이었고, 그가 하사받은 공신교서에도 고려측이 먼저 청혼했다는 내용이 보인다.[57] 따라서 흑적의 발언과 정인경의 묘지명을 반박할 다른 자료가 나오지 않는 한, 양국의 혼인은 세자가 원정에 체류할 때 논의되었고 고려측이 먼저 제의한 것이라는 점을 인정할 수밖에 없다. 그렇지만 한 나라의 국왕도 아닌, 세자를 수행했던 일개 신하의 신분으로 공주 강가라는 중대한 사안을 먼저 제의했다는 점은 아무래도 선뜻 납득하기 어렵다. 그러나 만약 그것이 사실이라고 한다면 어떠한 사정이 있었기에 쿠빌라이는 이 같은 '파격적'인 결정을 내리게 된 것일까.

임연의 폐립사건에 대한 몽골 측의 대응을 보면 쿠빌라이가 사태를 얼마나 심각하게 받아들였는지를 추측할 수 있다. 사건이 보고된 직후 그가 취한 조치들을 정리해 보면 다음과 같다.

- 八月 丙申: 오르도스 부카(Ordos Buqa, 斡朶思不花), 이악(李諤) 등을 파견하여 상문(詳問)한 뒤 보고토록 함.
- 九月 戊辰: 세자 심을 특진상주국에 제수하고, 3천 명의 병사를 이끌고 국난을 처리케 함.
- 九月 辛未: 관군만호(管軍萬戶) 송중의(宋仲義)에게 고려를 정벌토록 함.
- 十月 丁亥: 병부시랑 흑적 등을 파견하여 원종 · 창 · 임연 등을 소환.
- 同日: 두련가(頭輦哥) 국왕에게 군대를 이끌고 변경을 압박케 하고, 조벽(趙璧)에게 동경에서 행중서성(行中書省)의 사무를 관장토록 함.

---

56. 森平雅彦, 「駙馬高麗國王の成立」, 『東洋學報』, 79-4(1998), p. 352.
57. 盧明鎬 等, 『韓國古代中世古文書研究·上』(서울대학교출판부, 2000), pp. 28-31. Cf. 『高麗史』 卷29, 忠烈王 8년 五月 庚申, 上, p. 606.

- 十一月 丁未: 왕순(王綧) · 홍차구(洪茶丘) 휘하의 군대 3,000명을 보내 고려를 정벌토록 함.
- 同日: 고려의 서경도통(西京都統) 이연령(李延齡)이 파병을 요청하자 뭉게두(Mönggedü, 忙哥都)로 하여금 병사 2,000명을 이끌고 가도록 함.[58]

이러한 일련의 조치들은 그가 만약의 경우에 대비하여 군사적인 정벌까지 준비하고 있었음을 보여준다. 그러나 추밀원(樞密院)은 이 같은 군사적 정토(征討)가 안고 있는 위험성을 지적하는 상주를 올렸다. 심지어 이미 같은 해 五月에 고려정토론을 제기한 바 있는 마형(馬亨)조차도 "지금 이미 사단(事端)이 벌어졌으므로 군대를 움직여 정벌해서는 안 됩니다. 출병해서 승리를 거둔다 해도 좋은 방책은 아니며, 만에 하나라도 승리하지 못한다면 위로는 나라의 위신을 손상하고 아래로는 병졸들의 힘을 소모할 것입니다."라고 하면서, 남송을 멸한 뒤에 고려를 처리해도 늦지 않을 것이라는 신중론을 폈다. 마희기(馬希驥) 역시 고려의 권신이 자연지형을 이용하여 항거하며 남송과 연합한다면 몽골의 웅병백만(雄兵百萬)으로도 쉽게 제압하기 힘들 것이라고 하면서, 고려와 남송의 연합을 경계하였다.[59]

임연 사건이 터지기 1년 전인 1268년 가을부터 몽골 측은 한수 유역에서 양양 공략전을 개시하면서 남송과 치열한 전투를 벌였고, 그 다음 해 봄에는 번성을 포위하였다. 말하자면 남송 공략을 위해 총력전을 펼치던 상황에서 고려의 정변이 터지면서 새롭게 제기된 여 · 송 연맹의 가능성은 특히 쿠빌라이를 긴장시켰음에 분명하고, 만약 그가 고려출병을 추진할 경우 그러한 가능성이 현실화될 위험성도 다분히

---

58. 『元史』 卷6 「世祖 · 三」, pp. 122-23; 『元高麗記事』, pp. 24-26.
59. 『元高麗記事』, pp. 26-29.

높은 것으로 판단되었던 것이다. 따라서 쿠빌라이가 원종과 안경공 창 및 임연이 十二月 初十日까지 예궐하지 않을 경우에는 두련가 국왕으로 하여금 군대를 진입시켜 초륙(剿戮)하겠다는 내용의 조서를 흑적을 통해 전달한 것[60]은, 군사적 압력과 시위(示威)를 병행함으로써 문제를 해결하려고 했던 것으로 이해해야 할 것이다.

여·몽 간의 혼사는 이러한 상황 속에서 제기된 것이었으니 쿠빌라이는 허혼의 약속을 통해서 고려왕가의 충성을 확보하고 이를 통해서 고려를 확실하게 장악하려는 의도가 있었던 것이다. 그러나 일반적으로 몽골의 황가와 속국의 군주와의 혼사는 웅구트·카를룩·위구르의 경우처럼 솔선 내귀한 경우에 주어지는 일종의 특혜였고, 그 점은 누구보다도 쿠빌라이 자신이 잘 알고 있었다. 따라서 그는 반란이 일어난 속국의 문제를 해결하기 위해 생각해 낸 혼인문제를 자기가 먼저 나서서 제안하기는 어려웠을 것이다. 그런 의미에서 혼인을 제의한 것은 비록 고려 측이었다고 하더라도 그런 제의를 하도록 암시·유도한 장본인은 쿠빌라이였을 가능성도 배제하기 어렵다.[61] 다시 말해 쿠빌라이의 허혼은 임연의 폐립으로 인해 제기된 고려의 이반과 여·송 연합의 가능성을 차단하기 위해서 취한 일종의 고육지책이었던 것이다.

따라서 임연 사건이 지닌 이 같은 심각성을 깊이 인식했던 쿠빌라이는 사건이 의외로 빨리 풀린 것에 대해 당혹감을 느끼지 않았을까. 만약 그렇지 않았다면 그가 복위에 대한 감사의 표시로 입조한 원종에게 혼사와 관련하여 애매한 태도를 취한 것이 조금은 이상하게 느껴진다. 쿠빌라이는 원종의 청혼에 대해서 이렇게 대답하였다.

---

60. 『高麗史』 卷26, 元宗10년 十一月 壬子, 上, p. 531.
61. 이런 의미에서 여·몽 왕실의 혼인이 원 측에서 정략적인 목적으로 먼저 제안했을 가능성을 지적한 高柄翊 교수의 견해는 주목할 만하다. 「元과의 關係의 變遷」, 『한국사』 卷7(국사편찬위원회, 1984), p. 423 참조.

> 타타르(達旦)의 법에 의하면 중매(仲媒)를 통해서 합족(合族)하는데, 이는 진실로 교친(交親)하는 것이니, 어찌 이를 허용치 않겠는가. 다만 지금은 다른 일로 왔다가 [혼인을] 청하니 너무 서두는 듯하다. 그러니 일단 돌아가서 백성들을 어루만진 뒤에 특별히 사신을 보내 청한다면, 그때는 허락하도록 하겠다. 짐의 친자식들은 이미 모두 시집을 갔으니, 형제들과 의논하여 마땅히 허락하겠노라.[62]

인용문에서 '다른 일'(他事)이란 복위에 대한 감사를 의미할 텐데, 굳이 그것과 청혼을 분리해서 따로 요청하라는 것은 양국간의 혼인에 대한 그의 석연치 못한 입장을 암시하고 있다. 더구나 쿠빌라이는 자신의 친자식들이 모두 시집을 갔다고 했지만, 후일 세자 심과 혼인한 쿠틀룩 켈미시(忽都魯揭里迷失, Qutlugh Kelmish)가 비록 정처 소생은 아니더라도 그의 '친자식'임은 분명하지 않은가. 쿠빌라이의 이 발언은 원래의 약속과는 달리 자신의 친딸이 아닌 종실의 여자를 고려왕가에 시집보내려는 계산을 하고 있지 않았나 짐작케 한다.

쿠빌라이의 냉랭한 태도는 二月 乙未日에 원종이 황태자 진김(眞金)과의 회견을 청한 것에 대해, "너는 일국의 군주이니, 짐을 보는 것으로 족하다"[63]라고 하며 거부한 사실에서도 느껴지는데, 아마 원종은 몽골 황가와 장차 맺어질 혼인을 기정사실로 생각하고 인족(姻族)으로서의 친근감을 표시하기 위해 진김과의 회견을 제의했던 것으로 보이나, 쿠빌라이는 그가 어디까지나 속국의 군주라는 점을 주지시키려고 했던 것이다. 뿐만 아니라 쿠빌라이는 원종에게 "네가 내부(內附)한 것은 후의 일이니 제왕들보다 아래이다. 나의 태조의 시대에 이두쿠트(亦都護)는 선부(先附)했었기 때문에 제왕보다 위에 두고, 아르슬란(阿思蘭)은 후부(後附)했기 때문에 그 아래에 둔 것이니, 경도 마땅히 이를 알도록 하라!"고 말하기도 했다. 이는 1260년 고려가 신속한 직후 "너희 나라가 대국을 섬긴 지 40년이 되었다. 지금 조회에 모인 것이 80여 국

62. 『高麗史』 卷26, 元宗 11년 正月 甲戌, 上, p. 534.
63. 『元史』 卷7 「世祖 · 四」, p. 128.

이 되지만, 너희들이 보다시피 너희 나라만큼 예우를 후하게 하는 나라가 몇이나 되는가?"[64]라고까지 말했던 그가 이제 와서 고려의 '후부'를 강조한 것은 돌변된 태도라고 아니할 수 없다.

그러나 원종은 환국한 다음 해인 1271년 2월 22일 몽골 측에 사신을 보내 정식으로 청혼을 했고, 11월 14일에는 사신이 돌아와 쿠빌라이의 허혼을 알렸다.[65] 그렇다면 과연 그간의 어떠한 사정이 주저하던 쿠빌라이의 마음을 바꾸어 놓은 것일까. 임연의 폐립 이후 여·몽 양국을 모두 극도로 긴장시킨 사건이 터졌는데, 그것은 바로 삼별초의 난이었다.[66] 이는 임연이 등창으로 사망한 뒤 그의 아들 임유무(林惟茂)를 주살한 원종이 출륙환도를 강력하게 추진하자, 그동안 강도(江都)를 고수하며 항몽전을 이끌어 온 삼별초가 이에 반대하여 1270년 6월 20일 일으킨 반란이었다. 삼별초의 지도자 배중손(裵仲孫)은 승화후(承化侯) 온(溫)을 왕으로 세우고 강화에서 빠져나와 9월 5일에는 진도(珍島)에 입거(入據)하였다. 이들이 진도에 도성을 건축하고 방비를 강화한 뒤 서남해에 있는 남해·창선·거제·탐라 등의 중요한 도서들을 장악하자, 조정은 수운(水運)에 의존하던 전라·경상지역의 공부(貢賦)를 거두지도 못하게 되었다. 여·몽 양국은 흔두(忻都, Hindu)·사추(史樞)·홍차구(洪茶丘)가 이끄는 원군(元軍)과 김방경(金方慶)이 지휘하는 고려수군을 투입하여 총공세를 펼쳤고, 그 결과 1271년 6월 23일 마침내 진도를 함락하는 데 성공했다. 그러나 김통정(金通精)은 삼별초 잔여세력을 이끌고 탐라로 들어가 항전을 계속했다. 삼별초는 그곳을 근거로 1271년 후반부터 해상에서의 노략질과 남해안 일대에

---

64. 『高麗史』 卷25, 元宗1년 八月 戊申, 上, p. 510.
65. 『高麗史』 卷27, 元宗12년 正月 丙子, 上, pp. 539-40; 十一月 辛丑, 上, p. 550; 『元史』 卷7 「世祖·四」, p. 133.
66. 삼별초란의 추이에 대해서는 金庠基, 「三別抄와 그의 亂에 就하야」(一·二·三), 『震旦學報』 9(1938), 10(1939), 13(1941); 尹龍爀, 「三別抄 珍島政權의 성립과 그 展開」, 『韓國史研究』 84(1994) 등 참조.

대한 약탈을 계속했으며, 여·몽 연합군은 1273년 5월 16일 병선 160척, 수륙군 1만 명을 투입하여 탐라에 대한 공세를 감행하여 마침내 반란을 진압할 수 있었던 것이다.

삼별초의 난은 쿠빌라이에게 고려의 전략적 중요성을 다시 한번 심각하게 일깨워준 사건이었다. 한반도 서남해안에 반몽세력이 반거(盤據)할 경우 일본 초유(招諭)는 물론 남송정벌에도 심각한 차질을 가져다 줄 위험을 감지했기 때문이다. 뿐만 아니라 그는 고려 조정의 태도에 대해서도 의구심을 없앨 수 없었다. 삼별초의 난이 터진 후인 1271년 2월 1일 그는 원종에게 보낸 조서에서 다음과 같이 힐책하였다.

> 작년에 어떤 사람이 말하기를 '고려는 남송·일본과 교통(交通)한다'고 해서, 내가 경에게 물었더니 경은 소인(小人)의 말에 현혹되어 '그런 일이 없다'라고 대답했었다. 그런데 금년에는 남송의 상선이 도래한 것을 경은 사사로이 떠나보냈다. 행성(行省)에서 그것을 힐문하니 그제야 '행성에 알리지 않았는데, 이는 과오를 범한 것'이라고 말했다. 또한 지금 일본에 귀부(歸附)하는 고려인을 붙잡았는데, 그는 '과거에는 일본이 고려에 세공(歲貢)을 바쳤다.'라고 말했다. …… 앞으로는 남송이건 일본이건 만약 무슨 일이 생기면, [그대는] 마땅히 병마(兵馬)·전함(戰艦)·자량(資糧) 등으로 일찍 조치를 취해야 할 것이다.[67]

쿠빌라이는 이미 그 해 正月 조량필 등에게 국서를 주어 일본으로 파견한 상태였고, 남송의 전략거점인 양양·번성을 포위한 지 3년이 지났는데도 별다른 성과없이 공방전만 계속되고 있었다. 이런 상황에서 고려와 남송·일본과의 은밀한 통교 의혹이 제기되었으니, 쿠빌라이로서는 문제의 심각성을 인식하지 않을 수 없었다. 물론 고려 조정은 그 같은 의혹을 적극적으로 부정했을 뿐 아니라, 출륙환도의 약속을 지켰고 나아가 삼별초를 진압할 때 적극성을 보여 일단 진도 탈환에는 성공했다. 그러나 그 잔여세력은 다시 탐라를 근거로 강력하게

---

67. 『高麗史』 卷26, 元宗11년 十二月 乙卯, 上, pp. 537-38; 『元高麗記事』, pp. 32-33.

저항하고 있었다. 따라서 쿠빌라이는 원종의 혼인제의를 수락함으로써 고려 왕실과의 돈독한 관계를 기초로 삼별초를 소탕하고 한반도 서남해안을 장악한 뒤, 남송과 일본 정벌을 포함한 동아시아 경략의 초석을 삼으려고 했던 것이다. 뿐만 아니라 최근의 연구는 쿠빌라이의 이 같은 허혼 결정의 배경에는 칭기스 칸의 제제(諸弟)의 후예들이 포진한 동방 울루스들이 만주지역을 중심으로 분권화 경향을 강화시켜 감에 따라 이들을 견제하려는 전략적인 고려도 있었음이 지적되고 있다.[68] 아무튼 이렇게 해서 1271년 11월 청혼은 정식으로 수락되어 여 · 몽 왕실의 혼인은 확정되었고, 세자 심은 1274년 6월 16일 쿠빌라이의 친딸 쿠틀룩 켈미시와 혼례를 올리게 된 것이다. 그리고 이 때 시작된 왕실 통혼은 공민왕에 이르기까지 5-6대에 걸쳐 계속되었고, 이러한 지속적인 통혼에 의해 고려의 군주들은 대칸 쿠빌라이 일가의 부마라는 자격을 획득하였다.[69]

일반적으로 말해 몽골 황실이 다른 집단과 혼인관계를 맺는 데에는 두 가지 상이한 방식이 존재했다. 즉 하나는 상호 자 · 녀를 주고받는 쌍방혼이고 또 하나는 딸을 주기만 하고 아들을 받지 않는 일방혼이었다. 전자에 속하는 대표적인 예로는 "딸을 낳으면 대대로 후비로 삼고, 아들을 낳으면 대대로 공주를 맞아들인다(生女世以爲后, 生男世尙公主)"고 하던 옹기라트 부(部)가 있고, 후자에 속하는 예로는 투르크 계통의 위구르와 옹구트 등이 있다. 고려 역시 후자에 속했음은 두말할 필요도 없다. 칭기스 일족이 이러한 일방혼을 고집했던 까닭은 황금씨족(altan uruq)의 혈통적 순수성을 보존하려는 의도 때문인 것으로 추

68. 李命美, 「高麗 · 元 王室通婚의 政治的 의미」, 『韓國史論』 49(2003), pp. 11-31. 쿠빌라이 울루스와 동방 울루스 사이의 협력 · 긴장관계의 전반적인 추이에 관해서는 尹銀淑, 「蒙 · 元帝國期 옷치긴家의 東北滿洲 支配: 中央政府와의 關係 推移를 중심으로」(강원대학교 사학과 박사학위논문, 2006) 참조.

69. 양국 왕실의 통혼관계에 대해서는 金惠苑의 「麗元王室通婚의 成立과 特徵」, 『梨大史苑』 第24 · 25合輯(1989), pp. 163-212 참조.

측된다.[70] 왜냐하면 부계제를 준수하던 당시 몽골인들에게 황금씨족이 되느냐의 여부는 부친의 혈통에 따랐기 때문이다. 따라서 고려왕가가 칭기스 일족과 누대에 걸쳐 통혼하여 "몽골황통인 볼지긴의 피"가 많아졌기 때문에 고려의 국왕이 "알탄・우룩의 한 성원"이 되었다는 견해[71]는 재고의 여지가 있다. 중요한 것은 '피의 농도'가 아니라 부친이 속했던 혈통이었기 때문이었다.

그렇다면 이제까지 속국의 군주였던 고려의 국왕이 황실의 부마라는 새로운 지위를 획득한 것이 양국관계에 어떠한 영향을 미쳤을까. 이에 대한 학자들의 평가는 엇갈린다. 즉 조비무고사건(趙妃誣告事件)이 보여주듯이 몽골의 조정은 고려왕실에 시집온 공주들을 매개로 국내정치에 깊숙이 간섭할 수 있었고, "원의 지배체제를 강화시키는" 결과를 낳았으며,[72] 고려의 국왕이 부마가 됨으로써 확대된 영향력을 통해 사직의 보존을 도모할 수는 있었지만 그것은 "고려 왕실의 격하라는 절대적 희생위에서 얻어진 것"이며 고려의 군주도 더 이상 "독립된 왕국의 통치자"는 아니었다는 지적이 있는가 하면,[73] 고려의 국왕들이 몽골계 다른 종왕 부마들과 어깨를 나란히 하며 쿠릴타이에 참석하여 대칸 선출에도 간여하는 등 양국의 혼인은 몽골제국 내에서 고려의 정치적 지위를 상당히 제고시켰다는 주장도 있다.[74] 여기서 어느 쪽이 더 타당한가를 논하는 것은 큰 의미가 없어 보인다. 왜냐하면 어떤 관점에서 보느냐에 따라 전혀 다른 평가가 가능하기 때문이다.

문제는 결국 국왕과 부마라는 상이한 두 가지 지위를 어떻게 이해

---

70. 蕭啓慶, 「元麗關係中的王室婚姻與强勸政治」, 『元代史新探』(臺北: 新文豊出版公司, 1983), p. 232, p. 242.
71. 周彩赫, 「몽골-고려사 연구의 재검토」, 『國史館論叢』 제8집(1989), p. 30 이하.
72. 金成俊, 「麗代 元公主出身王妃의 政治的位置에 대하여: 특히 忠宣王妃를 中心으로」, 『韓國女性文化論叢』 1(1958), p. 250.
73. 張東翼, 『高麗後期外交史硏究』, pp. 115-16.
74. 蕭啓慶, 「元麗關係中的王室婚姻與强勸政治」, pp. 245-48.

하느냐에 달려 있다. 양국의 통혼을 계기로 고려의 군주들은 속국의 국왕이면서 황실의 부마라는 두 가지 지위를 동시에 보유하게 되었고, 쿠빌라이는 1281년 그때까지는 별도로 존재해 오던 '국왕지인(國王之印)'과 '부마금인(駙馬金印)'을 통합·개주한 '부마고려국왕인(駙馬高麗國王印)'을 충렬왕에게 하사했다. 이는 국왕과 부마라는 두 지위가 '일체화'되었음을 보여주는 것인데,[75] 제국의 '외연적' 존재인 속국의 국왕이라는 지위와 '내포적' 존재인 부마라는 지위가 어떻게 한 사람에게 일체화될 수 있을까. 만약 부마와 국왕이라는 양자가 단지 배타적이어서 양립되기 힘든 모순적인 관계이기만 했다면 이 같은 현상이 생겨나기는 어려웠을 것이다. 적어도 당시 고려인이나 몽골인들에게는 고려의 군주가 지녔던 이 두 가지의 지위의 병립을 가능케 한 어떤 인식의 근거가 있지 않았을까.

13~14세기 고려 지식인들이 '본조(本朝)'라는 용어를 사용할 때 때로는 원을 지칭하기도 하고 때로는 고려를 지칭하기도 했기 때문에 일종의 '이중적 국가개념'을 갖고 있었다는 점을 지적한 연구를 받아들인다면, 당시 고려인들은 여·몽 관계를 중국과 주변국의 전통적인 외교관계의 틀 속에서 이해했던 것으로 볼 수 있다.[76] 즉 그들이 양국간의 관계를 기왕의 사대적인 외교정책의 연장으로 생각하여 양국의 관계를 천자국과 제후국/부마국의 관계 정도로 이해하며 그 같은 이중성을 수용했던 것이다. 사실 한·당과 같은 중국의 전통왕조의 경우 북방 유목국가와 공주강가를 통해서 소위 '구(舅)-서(婿) 관계'를 맺는 경우가 있었다. 그러나 그것은 군-신, 부-자, 책립-피책립 관계나 마찬가지로 양국의 '현실적 세력관계'의 변화에 조응하는 '명분적 관계'에 불과했다.[77] 즉 양측 군주들이 맺은 구-서 관계는 국가간의 역관계를 반영

75. 森平雅彦, 「駙馬高麗國王の成立」, pp. 18-23.
76. 鄭求福, 「李齊賢의 歷史意識」, 『震檀學報』 51(1981), p. 241.
77. 護雅夫, 『古代トルコ民族史硏究・I』(東京: 山川出版社, 1967), pp. 161-223.

하는 '명분'으로서만 존재했을 뿐, 어느 쪽도 사위로서 혹은 장인으로서 본연의 인신적 의무와 권리를 수행한 것은 아니었다. 이에 비해 여·몽 왕실 사이에 맺어진 구-서 관계는 단순한 명분적 관계가 아니었다. 고려의 국왕은 대칸이 개최하는 지순(只孫, jisun) 연(宴)[78]에 사위의 자격으로 참석하여 웬만한 제왕들보다 상위의 좌석에 배치되었을 뿐만 아니라,[79] 대칸의 계승분쟁에도 깊숙이 간여하여 제국 정치의 핵심적인 부분에 접근해 있었음을 알 수 있다.[80] 이렇게 볼 때 여·몽 관계에 나타나는 군-신/구-서 관계는 과거 전통적인 중원왕조와의 외교관계에 보이는 것과는 상이하다고 말할 수밖에 없다. 그렇다면 이 같은 차이는 외교관계에 대한 당시 몽골지배층의 독특한 인식이 있었기 때문에 가능했을 것이다.

이 문제와 관련하여 여·몽 관계의 특징을 전통적인 중원왕조의 대외관계가 아니라 몽골인들의 독특한 분봉제도를 토대로 분석하여, 고려의 영토와 인민 전체를 부마의 '투하령(投下領)'으로 파악함으로써 고려를 몽골제국에 속한 하나의 '분권세력(分權勢力)'으로 간주한 최근의 연구는 주목할 만하다.[81] 즉 충렬왕 16년(1290)부터 나타나기 시작한 왕부(王府) 단사관(斷事官)의 존재, 국왕 휘하에 코르치(忽赤, qorchi)·시바우치(時波赤, siba'uchi)·비체치(必闍赤, bichêchi) 등 각종 케식(怯薛, keshig) 직장(職掌)의 존재 등 여타 제왕들의 투하령에도 보

---

78. 只孫은 質孫이라고도 표기되며 모두 몽골어의 jisun(顔色, 色)을 옮긴 말이다. 연회시에는 대칸이 하사한 동일한 색의 의관을 착용하고 참석하기 때문에 이러한 이름이 붙여졌으며, 페르시아어에서 '의복'을 뜻하는 jâmah를 옮긴 詐馬라는 표기도 사용되었다. 이에 대해서는 韓儒林의 「元代詐馬宴新探」, 『穹廬集』(上海: 人民出版社, 1982), pp. 247-57; 『동방견문록』, pp. 252-58 등을 참고하시오.
79. 『高麗史』 卷31, 忠烈王20年 四月 甲午, 上, p. 633(제7위에 착석); 忠烈王26年 六月 壬子, 上, p. 647(제4위에 착석).
80. 高柄翊, 「高麗忠宣王의 元武宗 擁立」, 『東亞交涉史의 硏究』, pp. 293-303.
81. 森平雅彦, 「高麗王位下の基礎的考察: 大元ウルスの一分權勢力としての高麗王家」, 『朝鮮史硏究會論文集』, no. 36(1989), pp. 55-87.

이는 것과 유사한 직명들의 존재가 지적되었다. 또한 고려의 경우 몽골제국의 다른 종왕들과 달리 국왕이 독자적인 제사와 관제를 온전히 지켜 나가며 직접 통치를 하고 세수(稅收)도 독점하고 있다는 요수(姚燧)의 지적은 비록 "특이한 케이스"이긴 하지만 고려본국이 고려왕의 투하령임을 반증하는 자료라는 주장이 제기되었다.[82] 필자 역시 사료상의 기록으로 볼 때, 제실(帝室)의 부마였던 고려국왕이 왕부를 보유했고 거기에 단사관을 비롯하여 케식 인원들이 두어졌던 사실은 부인할 수 없다고 생각한다. 그러나 몽골인들이 고려의 영토와 인민을 부마고려국왕의 '투하'로 간주했었다는 결론이 받아들여지기 위해서는 좀더 많은 자료들이 보완될 필요가 있는 듯하다.

예를 들어 고려 왕부에는 다른 제왕들의 왕부에 보이는 중요한 관직들, 즉 왕부(王傅)·부위(副尉)·사마(司馬) 등이 보이지 않는다. 특히 왕부(王府)의 관리를 총괄하는 왕부(王傅)는 종왕들은 물론이지만 옹기라트·이키레스를 비롯하여 웅구트·위구르 등의 부마 왕부(王府)에서 모두 확인되는 요직이었다.[83] 고려 왕부에서는 현재까지 단사관의 존재만 확인될 따름이며, 단사관의 직함을 받은 사람들조차도 그 직책으로 어떤 활동을 했는지 말해주는 자료를 찾기가 어렵다. 따라서 왕부 또는 거기에 속하는 관리들의 소관업무는 어느 특정 집단(예를 들어 국왕이나 왕비의 사속민이나 그에 준하는 사람들)에 한정된 것일 가능성이 높다. 나아가 고려가 일종의 '투하'였다면 다른 투하령에 보이는 것과 같은 중앙정부에 의한 부세징수가 있었는가 하는 점도 고려해 보아야 할 것이다.

아무튼 일인(一人)이 국왕과 부마를 병칭하는 사례는 당시로서도 특이한 현상이었음은 분명한데, 이는 1310년 카이샨(Qaishan, 武宗:

82. 森平雅彦, 「高麗王位下の基礎的研究」, pp. 57-64.
83. 村上正二, 「元朝における投下の意義」, p. 21; 李治安, 『元代分封制度研究』, pp. 223-30.

1307-11)이 충선왕의 삼대조를 추증하는 제서(制書)에서 “짐이 보건대 오늘날 천하에서 민사(民社; 百姓과 社稷)를 보유하며 왕위를 누리는 것은 오로지 삼한(三韓)뿐이다”라고 공언한 것을 통해서도 확인된다.[84] 즉 몽골의 군주조차도 고려 국왕이 다른 제왕들과는 구별되는 특이한 존재일 뿐 아니라 고려가 제왕들의 투하령과는 구별되는 독자성을 갖고 있다는 사실을 인정했음을 보여주는데, 과연 카이샨의 말처럼 독자적인 왕국을 유지하면서 동시에 그 군주가 몽골제국의 부마가 된 사례는 고려만이 유일했던 것일까. 이 점에서 우리는 고려와 매우 유사한 경우라고 할 수 있는 고창국(高昌國)에 주목하고자 한다.

중앙아시아의 카라 호초(Qara Khocho, 火州)와 베시발릭(Beshbaliq)을 중심으로 토착 위구르인들을 통치하던 고창국의 군주는 ‘이두쿠트’(亦都護, iduqut)라는 고유한 군주칭호로 불렸다. 칭기스 칸이 초원을 통일할 즈음 이두쿠트였던 바르축 아르트 테긴(Barchuq Art Tegin)은 ‘거국입조(擧國入朝)’하여 공주의 혼인을 허락받아 부마가 되었고, 칭기스 칸의 호라즘 원정과 서하 원정에도 동참했다. 그의 사후 이두쿠트 위(位)는 아들 우그룬치 테긴(Ögrünch Tegin, 玉古倫赤的斤), 그의 아들 마무락 테긴(Mamuraq Tegin, 馬木剌的斤), 다시 그 아들인 코츠카르 테긴(Qochqar Tegin, 火赤哈兒的斤)에게로 계승되었다.[85] 이렇게 볼 때 고창의 군주들은 ‘이두쿠트’라는 독자적인 군주칭호를 유지하면서 동시에 제실(帝室)의 부마였던 셈이다.

---

84. 『高麗史』 卷33, 忠宣王2年 七月 乙未, 上, p. 687.
85. 高昌國 이두쿠트 일가의 역사에 관해서는 虞集의 「高昌王世勳碑」(『國朝文類』 卷26)와 이에 기초한 『元史』 卷122 「巴而朮阿而忒的斤傳」, pp. 2999-3002를 참조. 1933년 武威에서 漢文·回鶻文 合璧碑文이 발견되었고, 위구르문을 통해서 高昌王들의 정확한 이름을 확인할 수 있다. 위구르 비문의 역주로는 Geng Shimin & James Hamilton, “L'Inscription Ouïgoure de la stéle commèmorative des iduq qut de Qočo,” Turcica, vol. 13(1981), pp. 10-54; 卡哈爾·巴拉提 & 劉迎勝, 「亦都護高昌王世勳碑回鶻文碑文之校勘與研究」, 『元史及北方民族史研究集刊』, 8卷(1984), pp. 57-106 등 참조.

그런데 1270년대에 들어가면서 쿠빌라이에 반기를 든 카이두의 세력이 중앙아시아에서 급격하게 신장하면서 상황은 바뀌기 시작했다. 1275년 카이두와 연맹했던 두아(Du'a, 都哇)와 부스마(Busma, 卜思巴)의 군대가 카라 호초를 포위 공격한 이래 카이두 측의 압력이 점차 심해지자 많은 위구르인들은 동쪽으로 이주했고, 이두쿠트 일가도 카안 울루스의 영내인 감숙 지방의 영창(永昌)으로 이주할 수밖에 없었다. 코츠카르 사후 쿠빌라이가 그의 아들인 니우림 테긴(Ni'urim Tegin, 紐林的斤)을 '영록대부평장정사(榮祿大夫平章政事)'로 임명하여 토번(吐蕃)지방을 진무(鎭撫)토록 한 것도 고창의 군주가 제국의 내지에서 카안의 신료(臣僚)로 전락하게 되었음을 의미한다. 후일 카이두의 세력이 붕괴되긴 했지만, 위구리스탄 지방은 여전히 두아가 이끄는 차가타이 울루스의 지배하에 있었고, 이를 견제하기 위해 카이샨은 니우림을 토번에서 소환하여 1308년 이두쿠트로 책봉하고 그에게 이두쿠트 금인(亦都護金印)을 하사했다. 이어 부얀투(Buyantu, 仁宗: 1312-21)는 그에게 고창왕금인(高昌王金印)을 하사하고 왕부관(王傅官)을 설치토록 했으며, 이두쿠트인은 위구르의 경내에서 사용토록 하고 고창왕인은 제국 영내의 기타 '내군(內郡)'에서 통용토록 했다.86

이렇게 볼 때 고창은 1280년대부터는 독자적인 왕국으로서의 위상을 상실한 셈이었다. 물론 위구르인들의 전설적 인물 부구 카간(Bögü Qaghan, 不古可罕)을 조상으로 여기고 있었고, 고창왕은 부마이면서 동시에 행성(行省)의 장관인 평장정사(平章政事)의 직책을 겸했다는 점에서 고려와 유사한 면이 있는 것은 사실이지만, 본국에서 자신의 고유한 백성과 사직을 갖고 있던 고려의 국왕과는 분명히 달랐다. 니우림이 고창왕에 책봉된 뒤 그의 후계자들이 '고창왕이두쿠트(高昌王

86. 『元史』 卷108 「諸王表」, p. 2745; 卷122 「巴而朮阿而忒的斤傳」, pp. 3001-3002; Allsen, "The Yüan Dynasty and the Uighurs of Turfan in the 13th Century," p. 260.

亦都護)' 혹은 '이두쿠트고창왕(亦都護高昌王)'으로 불렸을 뿐 한 번도 '고창국왕'이라는 칭호로 불리지는 않았던 것도 이러한 상황과 무관한 것은 아닐 것이다. 그런 의미에서 1310년 카이샨이 '오늘날 천하에서 민사(民社)를 보유하며 왕위를 누리는 것은 오로지 삼한뿐'이라고 말한 것은 역사적으로 충분한 근거가 있을 뿐만 아니라, 고려국왕의 지위가 몽골제국 내에서 매우 특이한 형태라는 사실을 인정한 것으로 볼 수 있다.

당시 고려의 특수성에 대한 몽골 측의 인식을 이해하기 위해서 우리는 고려와 원 양측의 속국관계와 혼인관계가 지닌 본질적인 차이에 주목할 필요가 있다. 고려가 몽골의 속국이 된 것은 제국이 통합성을 유지하고 있던 1260년의 일이었고, 쿠빌라이는 속국과 맺는 관례에 따라 소위 '육사'를 요구하는 대신 고려에게 '본국지속(本國之俗)'의 유지를 약속함으로써 왕국으로서의 독자성을 인정해 주었다. 그러나 곧이어 벌어진 계승분쟁에서 서방 울루스들이 분립하게 되었고 그 결과 쿠빌라이는 비록 명목적으로는 대칸이지만 실제로는 북중국과 몽골 일원을 포함하는 '카안 울루스'의 수장이 되었다. 그는 자신의 울루스를 확장하기 위해 남송과의 전쟁을 전개하는 한편 일본에 대한 원정도 계획하였으며, 나아가 자신의 즉위에 결정적인 기여를 한 동방 울루스의 수장 타가차르의 세력도 견제할 필요가 있었다. 이를 위해서는 고려의 적극적인 협력이 필수적인 전제였다. 따라서 고려왕실에 대한 허혼은 쿠빌라이가 자신의 직할령인 '카안 울루스'를 확장하고 강고히 하려는 정치적인 목적에서 나온 판단이었지 제국을 구성하던 다른 울루스들의 이해관계와는 무관한 것이었다. 즉 고려의 속국적 지위가 제국의 분할 이전 단계에서 '대몽골 울루스' 전체에 대한 관계였다고 한다면, 고려 왕실이 몽골제국의 부마가(駙馬家)가 된 것은 제국의 분할 이후 제국의 일부인 '카안 울루스'에 대한 관계였던 것이다.

이처럼 고려의 군주가 가졌던 국왕-부마라는 이중적 지위는 상이한 시기에 상이한 대상과의 관계 속에서 탄생했기 때문에, 어느 하나가 다른 하나를 부정하면서 생긴 것이 아니라 중첩적으로 존재하게 된 것이다. 그러나 비록 느슨하기 하지만 '통합'을 지향하는 측면과 다수의 울루스들의 '분립'이 진행되는 측면을 동시에 갖고 있던 몽골제국은 그 자체로서 이미 모순을 내포하는 존재였고, 쿠빌라이 역시 제국의 '대칸'이자 동시에 단일 울루스의 '수장'이라는 복합적인 정치적 위상을 갖고 있었다. 이러한 이중적 구조를 지닌 몽골제국과 고려의 외교적 관계가 명확히 정의되지 못하고 혼선과 불안정성을 보인 것은 어쩌면 당연한 결과일지도 모른다. 더구나 1280년대 이후에는 고려만이 유일하게 황실의 부마이면서 독자성을 온전하게 유지하는 국왕의 통치를 받는 국가로 남게 되었기 때문에, 양국의 외교관계는 검증되고 안정된 패턴 위에서 진행되기 어려웠다. 서방 삼왕가의 정치적 독립은 시간이 지나면서 더욱 강화되었고 이에 따라 제국의 분열은 가속화될 수밖에 없었다.

쿠빌라이는 비록 제국의 분할을 제의한 장본인이었지만 적어도 단일한 몽골제국의 이상을 버리지 않았고 동서 울루스들을 모두 호령하는 대칸을 자임했다. 앞에서도 지적했듯이 그는 집권 직후 비록 성사되지는 않았지만 서방의 삼대(三大) 울루스의 수장들이 모두 참가하는 제국 규모의 쿠릴타이를 소집하기도 했다. 그러나 테무르(成宗)나 카이샨(武宗)과 같은 그의 후계자들은 그러한 비전을 더 이상 유지할 수 없었다. 이들은 몽골에 출진(出鎭)하여 우구데이 울루스의 카이두나 차가타이 울루스의 두아(Du'a) 등과 치열한 전투를 벌였고, 그 과정에서 제국의 단일성이 얼마나 허구적인 것인가를 뼈저리게 느꼈을 것이다. 빈번한 사신교환을 통해서 쿠빌라이와 긴밀한 유대관계를 유지하던 훌레구 울루스의 군주들조차 쿠빌라이 사후에는 독자적인 길을 걷기 시작했다. 쿠빌라이가 사망한 다음 해인 1295년 즉위한 가잔 칸은 훌레구 울루스의 군주들이 이제까지 사용해 오던 'il qan' — 대칸에게 복속한 칸—이라는 호칭을 버리고 그 대신 'pâdishâh-i Islam'—이슬람의 제왕—이라는 새로운 명칭을 사용하기 시작했다. 이는 자신들의 정치적 정통성을 대칸의 승인에서 찾던 과거의 관례에서 벗어나, 서아시아의 주민 대다수가 신봉하던 이슬람에서 새로운 정치적 권위의 원천을 확보하려는 노력의 표현이었다. 따라서 쿠빌라이의 사망과 함께 '대원(大元)'도 '대몽골 울루스'라는 본래적 의미를 상실해 갈 수 밖에 없었다.

쿠빌라이 사후의 이러한 변화는 고려가 갖는 두 가지 정치적 지위, 즉 국왕 지배하의 속국과 부마 휘하의 속령이라는 두 요소 가운데 후자의 측면을 강조하는 결과를 낳을 수밖에 없었다. 고려를 속령화하려는 몽골의 이러한 정치적 지향을 가장 잘 보여주고 것이 바로 정동행성(征東行省)의 구조적 변화이다. 일본 원정을 위한 군사기구로 설치되었다가 두 차례의 실패 이후 원정 자체를 더 이상 추진하지 않게 된 이후 '명의상 · 의례상'의 활동에만 국한되어 오던 정동행성이, 쿠빌라이 사후인 1299년부터 갑자기 '증치(增置)'되어 그 후 공민왕 초기에 반원정책의 추진으로 인해 그 기구가 대폭 축소될 때까지, 거의 반세기 동안 고려에 대한 몽골의 내정간섭기구로 기능하게 된 것이다.[87] 물론 정동행성의 관원 · 기능의 강화와 축소는 국왕 중조(重祚)로 인한 정치적 혼란, 몽골출신 왕비들로 인해 야기된 궁중내 알력, '부원(附元)'세력이나 권신들의 책동 등 고려의 복잡한 내외적 사정이 얽혀 있었지만, 앞에서 지적했듯이 쿠빌라이 사후 몽골제국 내에서 '카안 울루스'의 위상 변화와 밀접한 관련을 맺고 진행된 것이라고 볼 수 있다. 나아가 '입행성 삭국호(立行省 削國號)' 혹은 '폐기국 위군현(廢其國爲郡縣)'을 주장했던 입성론(立省論) 역시 몽골 측의 이러한 지향을

87. 정동행성의 설치와 폐지 과정에 대해서는 高柄翊, 「麗代 征東行省의 硏究」, 『東亞交涉史의 硏究』(서울대학교출판부, 1970), pp. 184-292; 張東翼, 『高麗後期外交史硏究』, pp. 13-109 등 참조.

감지하고 그것을 부추기며 제기되었던 것이다.

이러한 움직임에 대한 고려 측의 대응양식은 '국왕'적 측면을 강조하는 것이었으며, 그 구체적인 논리는 이익주(李益柱) 교수가 지적하였듯이 '세조구제(世祖舊制)'였다. 이것은 고려 측이 1290년대 이후 몽골 측의 간섭이 강화되는 것에 대응하여 쿠빌라이가 천명했던 '불개토풍(不改土風)'의 원칙을 강조하며 고려의 국가적 독자성을 수호하려고 했던 논리였고, 고려는 '세조구제'를 중국의 왕조들과의 오랜 외교관계의 패턴인 '전통적인 사대관계의 재현'으로 이해했다.[88] 이제현이나 이곡(李穀)과 같은 고려의 지식인들의 입원(入元) 활동을 살펴보면 몽골인이나 색목인들보다는 주로 한인 사대부들과 교유했음을 알 수 있으며, 그들 역시 비록 몽골의 지배하이긴 했지만 한인들의 전통적인 왕조적 세계관을 수용했던 것으로 보인다.[89] 그렇지만 쿠빌라이가 고려의 국가적 독자성을 인정해 준 것이 칭기스 칸 이래 자진 귀부(歸附)해 온 나라에게 종주권을 인정하는 대신 그 나라의 정치적 독립을 보장해 주던 몽골 고유의 관습과 정책을 전제로 한 것임을 인정한다면, 몽골지배층은 여·몽 양국의 관계를 중국적인 사대관계가 아니라 몽골적인 속국관계로 파악했었다고 보는 것이 타당할 것이다. 따라서 국왕과 부마라는 이중적 지위를 모두 인정했던 쿠빌라이 시대의 외교적 틀이야말로 '세조구제'의 근본적인 핵심이라고 할 수 있다. 쿠빌라이 시대에 확정된 틀을 유지해야 한다는 고려 측의 주장은 앞서 설명한 것처럼 몽골제국의 분립화 경향의 강화에 따라 '대원'의 정치적 지향이 바뀌고 고려에 대한 간섭과 내지화를 추진하면서 어려움에 봉착할 수밖에 없었다. 그럼에도 불구하고 그러한 주장이 소기의 성과를 거두

---

88. 李益柱,『高麗·元關係의 構造와 高麗後期 政治體制』, p. 248.
89. 高惠玲,『高麗後期 士大夫와 性理學 受容』(一潮閣, 2001), pp. 157-240; 金宗鎭,「李穀의 對元意識」,『泰東古典硏究』 1(1984), pp. 35-58; 鄭求福,「李齊賢의 歷史意識」, pp. 239-64.

고 나름대로 국가적 독자성을 유지하는 데에 성공할 수 있었던 것은, 고려 측의 다양한 외교적 노력이 주효한 데에도 그 원인의 일단을 찾을 수 있겠지만, 쿠빌라이 사후 비록 몽골제국의 실질적인 분열이 진행되었음에도 불구하고 제국의 통치자들이 여전히 단일제국이라는 이상을 완전히 방기하지 않았기 때문이기도 했다. 관념적일지언정 그 같은 지향을 갖고 있던 그들에게, 비록 '느슨한 통합'이긴 했지만 제국의 통일성을 유지하던 쿠빌라이 시대에 만들어진 여·몽 관계의 틀을 유지하자는 고려 측의 주장은 상당한 호소력을 발휘할 수 있었던 것이다.

VI. 맺음말

대칸 뭉케가 사망한 뒤 벌어진 쿠빌라이와 아릭 부케 사이의 대결은 과거 유목국가의 역사에서 흔히 볼 수 있었던 계승분쟁의 또 하나의 전형적인 예였다. 비록 쿠빌라이가 군사적 대결에 필요한 병력과 물자의 확보를 위해 북중국의 자원에 크게 의존했던 것은 사실이었지만, 승패를 결정짓는 가장 중요한 요인은 바스키의 전투나 시물투의 전투에서 드러난 것처럼 몽골인들로 구성된 기마군단이었다. 쿠빌라이가 1260년 직후 일련의 중국적인 제도들을 실시하긴 했지만, 그것은 무엇보다도 아릭 부케와의 전쟁을 승리로 이끌기 위해 북중국에서 최대한 필요한 자원을 확보하기 위한 의도에서 취해진 조치였다. 따라서 그가 몽골의 전통적인 관념과 제도를 포기하고 중국적인 왕조 체제의 건설을 지향했다고 볼 수 없을 뿐만 아니라, 쿠빌라이와 아릭 부케의 대결을 정주(定住) 주의와 유목(遊牧) 주의의 충돌로 보기는 더더욱 어렵다.

그런데 양측의 군사적 충돌과정을 살펴본 결과 쿠빌라이가 아릭 부케에 대해 우위를 보였던 것은 사실이다. 그러나 1261년 말 시르겐 타군에서 벌어진 최후의 전투는 사실상 승자도 패자도 없이 끝나버렸고,

그 뒤 1264년 여름 아릭 부케가 자기 발로 투항해 올 때까지 2년 반 동안 양측 사이에 아무런 군사적 충돌도 없었다는 사실을 확인할 수 있었다. 따라서 그의 투항은 쿠빌라이 측의 군사적인 압력이 아니라 무엇인가 다른 요인에 의한 것이었다. 그것은 다름 아니라 아릭 부케가 차가타이 울루스의 수장으로 임명하여 파견했던 알구의 이반이었다. 알구는 1261-62년 겨울 주치 울루스의 베르케가 중앙아시아에 파견했던 대리인들을 살해하고 나아가 물자의 확보를 위해 그곳에 주재하던 아릭 부케의 사신들마저 살해해 버렸다. 물자보급이 차단된 아릭 부케는 할 수 없이 그를 응징하기 위해 서부전선으로 향할 수밖에 없었고, 그는 알구를 치기 위해 중앙아시아 곳곳을 전전하다가 결국 추종자들을 상실하고 고립되어 투항의 길을 택할 수밖에 없었던 것이다. 따라서 그의 패배의 결정적인 요인은 결국 알구의 이반이었다고 말해야 옳을 것이다.

여기서 우리가 주목해야 할 사실은 알구가 이반한 시점이 1261-62년 겨울이었고, 바로 그 때에 서아시아의 훌레구와 킵착 초원의 베르케 사이에서도 전쟁이 발발했다는 점이다. 처음에 쿠빌라이와 아릭 부케 사이에 분쟁이 벌어졌을 때, 차가타이 울루스와 주치 울루스의 수령들은 대체로 후자를 지지하는 노선을 택했다. 대규모 원정군을 이끌고 서아시아에서 작전하던 훌레구의 입장을 분명히 확인할 수는 없고 대체로 관망적이었던 것으로 보인다. 따라서 당시 쿠빌라이는 비록 군사적으로는 다소 우위를 점하고 있었다고 하더라도 칭기스 칸 네 아들의 가문 사이에서는 여론의 지지를 얻지 못하고 고립된 상태였다. 이를 타개하기 위해 그가 취한 전략은 정주지역에 대한 대칸의 기득권을 포기하고 대신 제왕들에게 지배권을 인정해 줌으로써 아릭 부케를 지지하던 제왕들을 자기편으로 끌어들이는 것이었다. 이렇게 해서 훌레구와 알구는 각각 서아시아와 중앙아시아의 지배권을 부여받게 되었고, 1261-62년 겨울 동시에 베르케와 아릭 부케에 대한 공격을 시작한 것이며, 그것은 결국 아릭 부케 진영의 붕괴와 그의 투항으로 이어졌던 것이다.

따라서 쿠빌라이의 승리와 집권은 제국의 분할을 대가로 성취된 것이었다고 할 수 있다. 그리고 그것은 계승분쟁의 과정에서 중앙권력이 약화되면서 지방의 칸들이 자연적으로 독립해 나간 것이라기보다는 쿠빌라이의 전략에 의해 이루어진 것이었다. 즉 지방분권화 경향이 강화되면서 단일한 몽골제국이 몇 개의 칸국으로 '분열'된 것이 아니라, 기존의 제국적 틀이 유지된 상태에서 대칸이 각 울루스의 칸들에게 정주지역에 대한 관할권을 위임한 것이었다. 물론 그것은 각 울루스들의 정치적인 독립을 강화시키긴 했지만, 당시 몽골 지배층은 단일제국이라는 관념을 여전히 버리지 않고 있었다. 즉 13-14세기 몽골인들에게 '대몽골 울루스' 즉 몽골제국은 대칸이 직접 지배하는 '카안 울루스'를 중심으로 그의 종주권을 인정하는 다른 칸들의 여러 울루스들로 구성된 '느슨한 통합체'로 인식되었던 것이다. '대원(大元)'이라는 국호가 제국의 분열 이후 쿠빌라이가 동아시아를 중심으로 건설한 새로운 형식의 중국적인 왕조의 명칭이 아니라, 제국 전체를 칭하는 '대몽골 울루스'의 한자식 명칭이었다는 사실도 그러한 통합적 인식・관념의 존속을 입증하고 있다.

고려와 몽골과의 관계의 특징도 이러한 역사적 맥락 속에서 이해될 필요가 있을 것이다. 30년에 걸친 오랜 대몽항쟁을 끝내고 1260년 고려가 몽골에 자발적으로 복속하기로 결정한 뒤 맺어진 관계는 칭기스칸 이래 몽골적 관습에 바탕을 둔 속국관계의 특징을 갖고 있었다. 즉 '육사(六事)'의 이행을 전제로 고려는 국가적 독자성을 인정받았고, 이에 따라 고려는 본국지속(本國之俗)을 보존할 수 있었으며 군주는 '국왕'이라는 칭호로 불렸다. 그런데 아릭 부케와의 전쟁이 끝나고 제국의 분할이 확정된 뒤, 쿠빌라이는 자신이 지배하는 '카안 울루스'를 확장하기 위해 남송・일본과의 전쟁을 추진했고 나아가 분권화 경향을 강화시켜 나가던 동방 울루스를 견제할 필요를 느꼈는데, 그는 이를 위해 고려와의 보다 밀접한 관계를 필요로 하였다. 임연(林衍)의 폐립(廢立)을 계기로 쿠빌라이는 고려 왕실과 혼인관계를 맺게 되었고 이로써 고려의 군주는 '부마'의 지위를 획득하게 되었다. 이렇게 해서 고려의 군주는 독자성을 지니고 제국의 외적 존재인 속국의 군주로서의 국왕이라는 지위, 이와 동시에 황실과 혼인관계를 맺고 제국 지배층의 일원이 된 부마라는 지위를 동시에 갖게 되었다. 표면상 모순적인 것으로 보이는 이 두 지위는 1281년 충렬왕이 '부마고려국왕인(駙馬高麗國王印)'을 받음으로써 '일체화'되었으며 이는 고려의 이중적 지위가 몽골인들의 정치적 관념 속에서 모순된 것이 아니었음을 말해준다. 왜냐하면 '국왕'으로 상징되는 속국관계는 1260년 쿠빌라이 집권 초기에 단일한 몽골제국에 대한 관계인 반면, '부마'로 표상되는 속령(屬領)관계는 제국의 분립 이후 1271년 쿠빌라이의 직할령인 '카안의 울루스'에 대한 관계였기 때문이다.

그러나 이중성을 지닌 이러한 고려의 정치적 위상은 당시 몽골제국 내에서도 매우 특이한 사례였다. 고창국(高昌國)의 경우가 비록 유사하긴 했으나 카이두의 전쟁이 격화되는 1280년대에 고토(故土)를 상실함으로써, 제왕들 가운데 독자적인 민·사(백성과 사직)를 보유하는 것은 고려의 국왕만이 남게 되었다. 뿐만 아니라 1294년 쿠빌라이 사망 이후 단일제국으로서의 몽골이라는 정치적 지향은 더욱 희박해졌고, 그의 후계자들에게 그것은 그저 관념적인 의미 밖에 지니지 못하게 되었다. 이에 따라 종래 고려가 지니던 이중적 지위 가운데 일면에 불과한 '카안 울루스'의 속령적 측면이 강조되었고, 몽골측은 고려에 대한 간섭을 강화하기 시작했다. 쿠빌라이 사후부터 시작된 정동행성(征東行省)의 증치(增置)나 입성책동(立省策動) 등이 이를 말해준다. 이러한 움직임에 대해 고려는 '불개토풍(不改土風)'을 강조하며 쿠빌라이 시대에 확립된 이중적 지위의 유지를 주장했다. 몽골지배층은 비록 관념적일지라도 단일제국의 이상을 완전히 방기한 것은 아니었기 때문에, 그러한 이상을 지향하던 쿠빌라이 시대에 설정된 여·몽 관계의 개변에 반대한 고려 측의 주장은 나름대로의 설득력을 지닐 수 있었던 것이다.

쿠빌라이의 집권은 몽골제국사의 전개과정에서 하나의 중요한 분수령을 이룬다. 그러나 왕조사적(王朝史的) 관점에 입각한 이해방식은 쿠빌라이의 집권이 가져온 몽골제국의 구조적 변화의 실상을 상당부분 왜곡시키는 결과를 낳았다. 이 같은 왜곡을 수정하고 쿠빌라이 집권이 갖는 역사적 의미를 올바로 이해하기 위해서 한문자료는 물론이거니와 다양한 문화적 배경에서 씌어진 자료들도 충분히 활용되어야 할 것이다. 필자는 본고에서 그러한 노력의 일단을 표현하려고 했으나 만족할 만한 성과를 얻었다고 보기는 어렵다. 필자가 여기서 내린 결론들의 옳고 그름을 떠나서, 몽골제국사에 관한 기존의 시각이 지닌 편향성이 다소나마 드러났다면 그것만으로도 다행이라고 생각한다. 장차 더 많은 연구자들의 노력을 통해 몽골제국의 역사상이 올바로 정립된 때 여·몽 관계의 특징과 고려의 정치적 위상에 대한 우리의 이해도 자연 진실에 가까워질 것이라고 확신한다.

참고문헌

1. 사료

『高麗史節要』, 亞細亞文化社, 影印本, 1973.

『國朝文類』, (元) 蘇天爵, 四部叢刊 初編 集部, 上海: 商務印書館, 1929.

『圭齋文集』, (元) 歐陽玄, 四部叢刊 初編 集部, 上海: 商務印書館, 1929.

『陵川集』, (元) 郝經 撰, 景印文淵閣四庫全書 第1192冊, 臺北: 商務印書館, 1983.

『大元馬政記』, 國學文庫 卷49, 北平, 文殿閣書莊印行, 1933-.

『大元聖政國朝典章』, 臺北: 國立故宮博物院 影印本, 1976.

라시드 앗 딘(Rashîd ad-Dîn), 『集史』(*Jâmi' at-tavârîkh*).

— 이스탄불 톱카프 도서관 소장 필사본: Revan Köşkü 1518.

— *Djami el-Tevarikh*, E. Blochet ed., tome 2, Leyden: E. J. Brill, 1911.

— Muḥammad Rawshan ed., *Jâmi at-tavârîkh*, 4 vols., Tehran, 1994.

— *The Successors of Genghis Khan*, J. A. Boyle tr., New York: Columbia University Press, 1971.

— *Jami'u't-tawarikh: Compendium of Chronicles*, 3 vols., W. M. Thackston tr., Harvard University, 1999.

— 『부족지』, 金浩東 譯註, 사계절, 2001.

—『칭기스 칸기』, 金浩東 譯註, 사계절, 2003.
—『칸의 후예들』, 金浩東 譯註, 사계절, 2005.
『마르코 폴로의 동방견문록』, 金浩東 譯註, 사계절, 2000.
『牧菴集』, (元) 姚燧, 四部叢刊 初編 集部, 上海 : 商務印書館, 1929.
『몽골비사』, 유원수 譯註, 사계절, 2004.
『蒙兀兒史記』, (淸) 屠寄 撰, 上海: 古籍出版社, 元史二種, 1989.
『元高麗記事』, 臺北: 廣文書局 影印, 1972.
『元史』, 北京: 中華書局 標點本.
『元朝名臣史略』, (元) 蘇天爵 撰, 姚景安 點校, 北京: 中華書局, 1996.
『危太樸文集』, (元) 危素 撰, 元人文集珍本叢刊 卷7, 臺北: 新文豐出版公司, 1985.
『益齋亂藁』, 韓國文集叢刊 卷2, 景仁文化社 影印, 1990.
『通制條格校注』, 方齡貴 校注, 北京: 中華書局, 2001.
『皇輿西域圖志』, (淸) 傅恒 等 奉勅撰, 臺北: 文海出版社 影印本.
『欽定平定準噶爾方略』, (淸) 傅恒 等 奉勅撰, 景印文淵閣四庫全書, 臺北: 商務印書館, 1983.
Ata-Malik Juvaini, *Genghis Khan: The History of the World Conqueror*. J. A. Boyle tr., Seattle: University of Washington Press, 1997.
Geschichte Wassaf's, Hammer-Purgstall ed. & tr, Wien, 1856.
Kirakos Gandzaketsi's History of the Armenians, Robert Bedrosian, tr., New York: Sources of Armenian Tradition, 1986.
Mahmud Kashghari, *Compendium of the Turkic Dialects*, R. Dankoff, tr., Duxbury, Mass., Harvard University Printing Office, 1982.
Taḥrîr-i Târîkh-i Waṣṣâf, ʿAbd al-Muḥammad Âyatî ed., Tehran, 1971.
Târîkh-i Waṣṣâf al-Haḍrat dar aḥvâl-i salâṭîn-i Moghûl. ʿAbd Allâh Sharaf Shîrâzî(일명 Waṣṣâf), Bombay, 1853.
The Mission of Friar William of Rubruck, P. Jackson, tr., London: The Hakluyt Society, 1990.

2. 논저

高柄翊, 「高麗忠宣王의 元武宗 擁立」, 『東亞交涉史의 硏究』, 서울대학교출판부, 1970.

______, 「麗代 征東行省의 硏究」, 『東亞交涉史의 硏究』, 서울대학교출판부, 1970

______, 「元과의 關係의 變遷」, 『한국사』 卷7, 국사편찬위원회, 1984.

高惠玲, 『高麗後期 士大夫와 性理學 受容』, 一潮閣, 2001.

邱樹森, 『元朝簡史』, 福建人民出版社, 1999.

宮崎市定, 「鄂州之役前後」, 『アジア史硏究』 卷1, 同朋舍, 1957(原載 『內藤博士頌壽記念史學論叢』, 1930.

金庠基, 「三別抄와 그의 亂에 就하야」(一・二・三), 『震旦學報』 9(1938), 10(1939), 13(1941).

______, 『新編 高麗時代史』, 서울대학교출판부, 1985.

金成俊, 「麗代 元公主出身王妃의 政治的位置에 대하여: 특히 忠宣王妃를 中心으로」, 『韓國女性文化論叢』 1(1958)

金宗鎭, 「李穀의 對元意識」, 『泰東古典硏究』 1(1984).

金惠苑, 「麗元王室通婚의 成立과 特徵」, 『梨大史苑』 第24・25合輯(1989).

金浩東, 「구육(定宗)과 그의 時代」, 서울대학교 東洋史學硏究室 編, 『近世東아시아의 國家와 社會』, 지식산업사, 1998.

______, 「蒙古帝國의 形成과 展開」, 『講座中國史』 권3, 지식산업사, 1989.

盧明鎬 等, 『韓國古代中世古文書硏究·上』, 서울대학교출판부, 2000.

孟繁清, 「試論忽必烈與阿里不哥之爭」, 元史硏究會 編, 『元史論叢』 第二輯, 北京: 中華書局, 1983.

牧野修二, 「十道宣撫司 — フビライ政權執權化の布石としての」, 『東洋史學』(九州大) 28, 1965.

박종진, 「고려후기 재정 운영의 변화」, 『14세기 고려의 정치와 사회』, 민음사, 1994.

杉山正明, 「クビライ政權と東方三王家 — 鄂州の役前後再論」, 『東方學報』

54, 1982.
______, 『몽골세계제국』, 임대희 · 김장구 · 양영우 옮김, 신서원, 1999.
______, 『クビライの挑戰』, 東京: 朝日新聞社, 1995.
森平雅彦, 「高麗王位下の基礎的考察: 大元ウルスの一分權勢力としての高麗王家」, 『朝鮮史研究會論文集』, no. 36, 1989.
______, 「駙馬高麗國王の成立」, 『東洋學報』, 79-4, 1998.
蕭啓慶, 「元代四大家族」, 『元代史新探』, 臺北: 新文豊出版公司, 1983
______, 「元麗關係中的王室婚姻與强勸政治」, 『元代史新探』, 臺北: 新文豊出版公司, 1983.
小澤重男 譯, 「地·水名を探る」, 『元朝秘史全釋』 下, 東京: 風間書店, 1986.
沈載錫, 『高麗國王 冊封 研究』, 혜안, 2001.
愛宕松男, 「元の中國支配と漢民族社會」, 『東洋史學論集』 第4卷, 東京: 三一書房, 1988.
黎東方, 『細說元朝』, 上海人民出版社, 1997.
『元朝史』 上, 北京: 人民出版社, 1986.
劉迎勝, 「阿里不哥之亂與察合台汗國的發展」, 『新疆大學學報』 1984-2.
______, 『西北民族史與察合台汗國史研究』, 南京: 南京大學出版社, 1994
尹龍爀, 「三別抄 珍島政權의 성립과 그 展開」, 『韓國史研究』 84, 1994.
尹銀淑, 「蒙 · 元帝國期 옷치긴家의 東北滿洲 支配: 中央政府와의 關係 推移를 중심으로」, 강원대학교 박사학위논문, 2006.
李玠奭, 「『元史』 · 「郝和尙拔都傳」에 보이는 1240年代 大蒙古國 中央權力의 位相」, 『몽골학』 제12호, 2002.
李命美, 「高麗 · 元 王室通婚의 政治的 의미」, 『韓國史論』 49, 2003.
李益柱, 『高麗 · 元關係의 構造와 高麗後期 政治體制』, 서울대학교 박사학위논문, 1996.
李治安, 『元代分封制度研究』, 天津: 古籍出版社, 1992.
李則芬, 『元史新講』 卷二, 臺北: 中華書局, 1978.
卡哈爾 · 巴拉提 · 劉迎勝, 「亦都護高昌王世勳碑回鶻文碑文之校勘與研究」,

『元史及北方民族史硏究集刊』 8卷, 1984.
張東翼, 『高麗後期外交史硏究』, 一潮閣, 1994.
田村實造, 「アリクブカの亂と海都の叛亂」, 『征服王朝史の硏究』 中, 京都: 東洋史硏究會, 1971.
鄭求福, 「李齊賢의 歷史意識」, 『震檀學報』 51, 1981.
周良霄・顧菊英, 『元代史』, 上海: 人民出版社, 1993.
周彩赫, 「몽골-고려사 연구의 재검토」, 『國史館論叢』 제8집, 1989.
池內功, 「アリグ=ブカ戰爭と汪氏一族」, 『中國史における亂の構圖』, 東京: 雄山閣, 1985.
______, 「フビライ政權の成立とフビライ麾下の漢軍」, 『東洋史硏究』 43-2, 1984.
陳得芝, 「十三世紀以前的克烈王國」, 『元史論叢』 제3집, 1986.
陳得芝・王頲, 「忽必烈與蒙哥的一場鬪爭: 試論阿蘭答兒鉤考的前因後果」, 元史硏究會 編, 『元史論叢』 第一輯, 北京: 中華書局, 1982.
陳世松 等, 『宋元戰爭史』, 成都: 四川省社會科學院出版社, 1988.
村上正二, 「元朝における投下の意義」, 『モンゴル帝國史硏究』, 東京: 風間書房, 1993.
______, 「モンゴル帝國の成立と分裂」, 『モンゴル帝國史硏究』, 東京: 風間書房, 1993.
______, 「モンゴル朝治下の封邑制の起源」, 『モンゴル帝國史硏究』, 東京: 風間書店, 1993.
巴特・洪堅毅, 『蒙古族古代戰例史』, 北京: 金城出版社, 2002.
韓儒林 主編, 『元朝史』 上, 北京: 人民出版社, 1986.
韓儒林, 「元代詐馬宴新探」, 『穹廬集』, 上海: 人民出版社, 1982.
胡昭曦 主編, 『宋蒙(元)關系史』, 成都: 四川大學出版社, 1992.
護雅夫, 『古代トルコ民族史硏究・I』, 東京: 山川出版社, 1967.
Allsen, T. A., "The Yüan Dynasty and the Uighurs of Turfan in the 13th Century," Morris Rossabi, ed., *China among Equals: The Middle*

Kingdom and Its Neighbors, 10th-14th Centuries, Berkeley: University of California Press, 1983.

______, "The Yüan Dynasty and the Uighurs of Turfan in the 13th Century," Morris Rossabi, ed., *China among Equals: The Middle Kingdom and Its Neighbors, 10th-14th Centuries,* Berkeley: University of California Press, 1983.

______, *Culture and Conquest in Mongol Eurasia*, Cambridge: Cambridge University Press, 2001.

______, *Mongol Imperialism*, Berkeley: California University Press, 1987.

Amitai-Preiss, R., *Mongols and Mamluks*, Cambridge: Cambridge University Press, 1995.

Barthold, W. W., *Turkestan down to the Mongol Invasion* (1928), 4th ed., Philadelphia: Porcupine Press, 1977.

Bretschneider, E., *Medieval Researches from Eastern Asiatic Sources* (1888), vol. 1, repr. London: Routledge and Kegan Paul. 1967.

Buell, P. D., "Sino-Khitan Administration in Mongol Bukhara," *Journal of Asian History*, vol. 13, no. 2, 1979.

Burger, G. ed., *A Lytell Cronycle: Richard Pynson's Translation (c 1520) of La Fleur des histoires de la terre d'Orient (c 1307)*, Toronto: University of Toronto Press, 1988.

Dardess, J., "From Mongol Empire to Yuan Dynasty," *Monumenta Serica*, vol. 30, 1972-73.

DeWeese, D., *Islamization and Native Religion in the Golden Horde*, University Park, PA: Pennsylvania State University Press, 1994.

Doerfer, G., *Türkische und mongolische Elemente im Neupersischen*, vol. 1, Wiesbaden: Franz Steiner, 1963.

d'Ohsson, C., 『モンゴル帝國史』, 全6卷, 佐口透 譯, 東京: 平凡社, 1968-1979.

Endicott-West, E., *Mongolian Rule in China: Local Administration in the Yuan Dynasty*, Cambridge: Mass., Harvard University Press, 1989.

Franke, H. & D. Twitchett ed., *The Cambridge History of China*, vol. 6 [Alien regimes and border states, 907-1368], Cambridge: Cambridge University Press, 1994.

Galstian, *Armianskie istochnini o Mongolakh*, Moskva, 1962.

Geng Shimin & James Hamilton, "L'Inscription Ouïgoure de la stéle commèmorative des iduq qut de Qočo," *Turcica*, vol. 13, 1981.

Hsiao Ch'i-ch'ing, *The Military Establishment of the Yuan Dynasty*, Cambridge, Mass.: Harvard University Press, 1978.

Jackson, P., "The Dissolution of the Mongol Empire," *Central Asiatic Journal*, 22-3/4, 1978.

Langlois, J. D. Jr. ed., "Introduction," *China under the Mongol Rule*, Princeton: Princeton University Press, 1981.

Morgan, D., *The Mongols*, Oxford: Basil Blackwell, 1986.

Ostrowski, D., *Muscovy and the Mongols: Cross-Cultural Influences on the Steppe Frontier, 1304-1589*, Cambridge: Cambridge University Press, 1998.

Pelliot, P., *Les Mongols et la Papauté*, Paris: Librairie Auguste Picard, 1923.

______, *Notes on Marco Polo*, vol. 1, Paris: Librairie Adrien-Maisonneuve, 1959.

Rachewiltz, I. de, *In the Service of the Khan*, Wiesbaden: Otto Harrassowitz, 1993.

Ratchnevsky, P., 『칭기스칸』, 김호동 역, 지식산업사, 1992.

Seifeddin, M. A., *Monetnoe delo I denezhnoe obrashchenie v Azerbaidzhane XII-XV vv.*, vol. 1, Baku: Izd. 'Elm', 1978.

Voegelin, E., "The Mongol Order of Submission to European Powers, 1245-1255," *Byzantion*, vol. 15, 1940-41.

Abstract

The Mongol Empire and Korea:
The Rise of Qubilai and the Political Status of the Koryŏ Dynasty

The succession struggle which erupted between Qubilai and Ariq Böke after the death of Grand Khan Möngke in 1259 was a typical phenomenon in the history of nomadic states. Although it is true that Qubilai relied considerably upon the resources drawn from North China, it was the cavalry forces largely composed of the Mongols who decided the outcome, as evidenced at the battles at Baski and Simultu. From 1260, Qubilai introduced Chinese-style institutions, but such an action was basically implemented to draw manpower and materials from China in order to win the war against Ariq Böke. It does not necessarily mean that he discarded traditional Mongol customs and notions and intended to create a Chinese-style dynasty instead. Therefore, we cannot accept the opinion regarding the war between these two brothers as a conflict between nomadic conservatism and sedentary revisionism.

There is no doubt that the course of military confrontations proves the relative superiority of Qubilai over Ariq Böke. However, we should not forget the fact that the battle at Shirgen Taghun ended without a winner or loser and that after this last battle there was no military clash recorded for two and a half more years, when Ariq Böke finally came to surrender on his own initiative. Therefore, we should take into consideration that it was another factor, rather than military pressure from Qubilai, which forced him to surrender. I believe that this was nothing other than the rebellion of Alghu, who had been dispatched to Chaghatay Ulus by Ariq Böke. In 1261-62, right after his arrival, Alghu massacred Berke's agents who had been staying in Central Asia and killed Ariq Böke's envoys who had come there to collect levies. Cut off from a major basis of material resources, Ariq Böke had to turn his army to the western front. There he wandered around in the hope of catching Alghu, but with no success, his followers began to dwindle. Finally, there was no choice for him but to surrender.

What is particularly worth noting is the time at which Alghu rebelled, the winter of 1261-62. It is an interesting coincidence that at that very moment, a war broke out in the west between Hülegü and Berke. We should remember that when the succession struggle started, most of the leaders in Jöchi Ulus and Chaghatay Ulus supported Ariq Böke. Although we cannot clearly confirm Hülegü's position, indirect evidence leads us to assume that he was watching and waiting, and that he was somewhat more inclined toward supporting the side of Ariq Böke. Therefore, Qubilai, in spite of his military superiority, was isolated from the majority of the Mongol leaders. To escape from this predicament, he made a surprising proposal to Hülegü and Alghu: he offered to transfer to them the right of management over the sedentary areas of West Asia and Central Asia. Soon after this proposal was made, they changed sides and launched attacks on Berke and Ariq Böke, which caused the demise of Ariq Böke's army and his eventual surrender.

Therefore, Qubilai's victory was achieved at the price of the partition of the empire, and this was the result of his strategy rather than the natural outcome of a centrifugal tendency. In this sense, we cannot say that the Mongol empire was divided or dissolved into four 'khanates.' The basic unity of the empire was maintained, while the power to control some of the sedentary regions was entrusted to the chiefs of the great uluses. The Mongols in the 13th and the 14th centuries perceived the 'Great Mongol Ulus' as a loose confederation of a number of uluses over which Qa'an, the lord of Qa'an's ulus, reigned as supreme ruler. In fact, 'Da Yuan' was not the name of a dynasty created by Qubilai in China but was rather a Chinese-style appellation of the entire empire, i.e. the 'Yeke Mongol Ulus.'

The peculiarities of the relationship between the Mongol empire and the Koryŏ dynasty should also be understood in this historical context. When the Koryŏ court decided to end the long military confrontation and accept the sovereignty of the Mongols in 1260, the new relationship was framed in accordance with traditional Mongol political conceptions. At this point, Koryŏ became a vassal state, enforced to perform the so-called 'six matters,' although it was allowed to keep its own political independence. For instance, the king was allowed to continue being called '*wang*' and the people were allowed to maintain their own customs.

However, when the war with Ariq Böke ended in 1263, Qubilai felt a need to expand and consolidate the interest of his own realm, Qa'an's ulus. He therefore pushed forward the conquest of Southern Song and Japan. Qubilai also needed to curb the increasing power of the Eastern uluses ruled by the families of Chinggis Khan's brothers. For this purpose, it was necessary for him to develop a closer relationship with Koryŏ, which was finalized by a marriage between the two royal families in which the king of Koryŏ became the imperial son-in-law *(küregen* or *fuma)*. In this way, he came to have two different titles and identities of 'king' and 'son-in-law,' as evidenced by a seal inscribed with 'Fuma Kaoli Guowang Yin.' These two titles may seem self-contradictory: '*guowang*' meant that he was the sovereign of an independent vassal state, but '*fuma*' meant that he was a member of the nobility within the imperial realm. However, the duality of the king's identity can be better understood if we take into consideration the dual character of Qa'an's ulus. It was the representative of the entire empire as well as one of several uluses within the empire.

It is beyond a doubt that the political status of Koryŏ was very peculiar, even during the period of the Mongol empire. The state of Gaochang seems to have been a similar case, but during the 1280s, when the war with Qaidu was intensified, it lost its original territory. Thus the king of Koryŏ became a unique case in that he possessed his own people and was allowed to maintain the country's ancestral rituals. After the death of Qubilai in 1294, the notion of a unified empire began to dissipate among the Mongols and his successors began to think themselves as rulers of an ulus, rather than of the entire empire. With these changes, the independence of Koryŏ was often threatened and ignored by those who considered Koryŏ to be part of the empire, which could be evidenced by the expansion of the organs of Jŏngdong Haengsŏng and the attempt to establish a *xingsheng* in Korea. Against these maneuvers, however, the Koryŏ court emphasized the principle of 'not changing original customs,' which had been firmly established during the time of Qubilai, and tried to keep its original status as well. In this attempt, Koryŏ was successful not only because it was persistent and skillful in its diplomatic efforts but also because the Mongols did not completely discard the notion of a unified empire.

찾아보기

발간사

'한국학'에 대한 관심과 요구가 국내외에서 높아지고 있다. 한국학을 전공으로 하는 학과도 생겨나고 한국학 연구자들의 국제학술대회도 종종 접하게 된다. 한국사회가 짧은 시기에 보여 준 역동적인 변화에 대한 학문적 관심이 나라 안팎으로 증대된 결과일 것이다. 한국의 역사와 문화, 사회적 경험이 점점 더 많은 연구자들의 관심대상으로 되고 있다는 사실은 매우 반가운 일이다.

한국학이란 고정된 분과학문 체계 내의 한 부분영역이 아니라 다양한 분과학문들이 함께 참여하는 학제적 연구의 성격을 지닌다. 한국학은 과거의 전통에 깊은 관심을 갖지만 현재의 문제들에도 주목하며 미래의 전망을 모색하는 작업도 포함한다. 인문학적 논의와 사회과학적 관심은 물론이고 자연과학적 문제의식과 예술적 시각이 함께 어우러지는 곳이다. 당연히 한국학은 국내의 연구자들이 자신의 특수성만을 부각시키는 폐쇄적인 장이 아니라 전 세계의 학자들이 자유롭게 참여하는 지적 토론의 공간이다. 한국을 대상으로 한 다양한 연구를 지원하며 진지한 논의와 지적 실험을 뒷받침하는 것이야말로 한국학의 가장 중요한 역할이라 할 것이다.

이런 의미에서 한국학은 한국의 문화와 역사적 경험을 전 인류의 문화유산과 역사적 경험의 한 부분으로 바라보는 전 지구적 시각을 요구받고 있다. 한국학은 한국사회의 경험을 연구하되, 그것을 21세기 세계사적 과제들과 더불어 사고함으로써 새로운 문명적 대안을 모색하는 전 지구적 논의에 적극적으로 동참하는 작업이 되어야 한다. 이런 종합적이고 개방적인 연구의 집적을 통해서만 한국의 특수성만을 절대화하는 오류에서 벗어나면서 동시에 서구의 눈으로 한국을 대상화, 타자화하는 오리엔탈리즘적 지역학의 한계도 극복할 수 있는 길이 열릴 것이다.

한국의 학문 발전에 큰 책임을 지고 있는 서울대학교는 한국학의 바람직한 발전을 위해 적극적인 역할을 하고자 한다. 이를 위해 별도의 연구기금을 마련하여 '한국학 장기기초연구 지원사업'을 추진하고 이 사업의 결과물들을 모아 연구총서, 자료총서, 모노그래프를 출간하기로 했다. 서울대학교 교수진의 연구역량과 진지한 문제의식들이 결집됨으로써 한국학의 연구수준이 더욱 높아지고 내용이 보다 풍부해질 것을 믿고 있다. 이 연구사업이 해를 거듭할수록 한국사회에 대한 이해가 깊어짐은 물론이고 한국의 경험을 통해 세계 학계의 시각과 논의도 더욱 풍성해질 것을 기대해 마지않는다.

2003년 8월
서울대학교 규장각한국학연구원 한국학연구사업위원회

김호동

서울대학교 동양사학과를 졸업하고 미국 하버드 대학교에서 박사학위를 받았다(내륙 아시아 및 알타이학, 1986). 서울대학교 동양사학과 교수로 재직했으며, 현재 명예 교수이다. 주요 논저로는 『근대 중앙아시아의 혁명과 좌절』(1999), 『황하에서 천산까지』(1999), 『동방기독교와 동서문명』(2002), *Holy War in China* (2004), 『몽골제국과 세계사의 탄생』(2010) 등이 있으며, 주요 역서로는 『유목사회의 구조』(1990), 『칭기스 칸』(1992), 『유라시아 유목제국사』(공역, 1998), 『마르코 폴로의 동방견문록』(2000), 『이슬람 1400년』(2001), 『역사서설』(2003), 라시드 앗 딘의 집사 3부작 『부족지』(2002), 『칭기스칸기』(2003), 『칸의 후예들』(2005) 등이 있다.

서울대학교 규장각한국학연구원 한국학모노그래프 47

몽골제국과 고려

쿠빌라이 정권의 탄생과 고려의 정치적 위상

초판 1쇄 발행 2007년 6월 5일
초판 7쇄 발행 2023년 7월 31일

지은이 김호동

펴낸곳 서울대학교출판문화원
주소 08826 서울 관악구 관악로 1
도서주문 02-889-4424, 02-880-7995
홈페이지 www.snupress.com
페이스북 @snupress1947
인스타그램 @snupress
이메일 snubook@snu.ac.kr
출판등록 제15-3호

ISBN 978-89-521-1713-7 94910
978-89-521-1027-5 (세트)

서울대학교 규장각한국학연구원 한국학모노그래프

1 예빈도에 보인 고구려 : 당 이현묘 예빈도의 조우관을 쓴 사절에 대하여 | 노태돈

2 현대 한국유교와 전통 | 금장태

3 살인의 진화심리학 : 조선 후기의 가족 살해와 배우자 살해 | 최재천·한영우·김호·황희선·홍승효·장대익

4 무협소설의 문화적 의미 | 전형준

5 정조시대의 무예 | 나영일

6 벼락도끼와 돌도끼 : 고고자료에 대한 전통적 인식 연구 | 이선복

7 한국 옛 경관 속의 생태지혜 | 이도원

8 식민권력과 통계 : 조선총독부의 통계체계와 센서스 | 박명규·서호철

9 한국의 천연염료 : 전통염료와 천연염색기술 | 김재필·이정진

10 북한의 의학교육 | 박재형·김옥주·황상익

11 국문 글쓰기의 새탄생 | 권영민

12 사할린 귀환자 | 이순형

13 조선시대 간척지 개발 : 국토 확장과정과 이용의 문제 | 박영한·오상학

14 3칸×3칸 : 한국 건축의 유형학적 접근 | 전봉희·이강민

15 위성영상을 이용한 북한지역의 해안습지연구 : 평안남도를 사례로 | 유근배

16 한국 구비문학에 수용된 재담 연구 | 서대석

17 한국 자본자유화와 금융자유화의 근년변화 : OECD 가입 및 IMF 사태 이후의 실상, 평가 및 대응 | 이천표

18 구어 한국어의 의향법 실현방법 | 권재일

19 조선시대 복식에 나타난 적색계 색명의 의미 | 남윤자·김순영·박성실

20 우리나라 인체기생충 및 의용절지동물의 동물상(fauna)과 개요 | 채종일

21 경제개방이 우리나라 노동시장에 미친 효과 | 김대일

22 한국 고소설에 나타난 오이디푸스 콤플렉스 : 〈심청전〉·〈콩쥐팥쥐전〉 | 류인균

23 남북한 경제의 이질성 : 경제통합에 관한 함의 | 이지순

24 한국에서 마르크스주의 경제학의 도입과 전개과정 | 김수행

25 한국 장수인의 개체적 특성과 사회환경적 요인 : 호남지방 장수벨트를 중심으로 | 박상철·이미숙·이정재·한경혜

26 전통마을 경관요소들의 생태적 의미 | 이도원

27 한국의 중산층 | 홍두승

28 한국 여성의 건강증진행위 | 윤순녕·김숙영·이지윤

29 心과 性 : 茶山의 『孟子』 해석 | 금장태

30 20세기 초기 국어의 문법 | 권재일

31 한국의 고령노동 : 경제활동과 고용구조의 장기적 변화 | 이철희

32 웃음으로 눈물 닦기 : 한국 언어문화의 한 특질 | 김대행

33 한국의 좌파 경제학자들 | 김수행·김공회

34 온돌과 한국인의 수면 생활 : 침상 기후를 중심으로 | 최정화·김문숙

35 한국 고대의 온돌 : 북옥저, 고구려, 발해 | 송기호

36 한국 시민단체의 내부의사결정과정에 관한 연구 | 김준기

37 한국문화를 쓴다 : 강용흘의 『초당』과 이미륵의 『압록강은 흐른다』 비교연구 | 최윤영

38 정약용 사상 속의 과학기술 : 유가 전통, 실용성, 과학기술 | 김영식

39 仁과 禮 : 다산의 『논어』 해석 | 금장태

40 서양인의 한국 종교 연구 | 김종서

41 韓國詩話에 보이는 杜詩 | 이영주

42 한국의 소득불평등과 빈곤 : 소득분배 악화와 사회보장정책의 과제 | 구인회

43 한국인 치매환자의 행동 및 심리 증상의 횡문화적 특성 | 조맹제·김진영

44 한국 사회복지 네트워크의 구성과 효과성: 지역종합사회복지관의 네트워크 구성과 조직 효과성을 중심으로 | 김준기

45 근대한국의 국제관념에 나타난 도덕과 권력 | 장인성

46 한국의 의료체제: 제도와 지배구조 | 송호근

47 몽골제국과 고려: 쿠빌라이 정권의 탄생과 고려의 정치적 위상 | 김호동

48 한국무협소설의 작가와 작품 | 전형준

49 한국 근대소설에 나타난 오이디푸스 콤플렉스의 이해: 이광수, 김동인, 염상섭, 이상을 중심으로 | 류인균

50 한국의 하구역: 하구둑 건설 이후의 지형변화 | 유근배·김성환·신영호

51 한국의 신용평가제도 | 이인호

52 전통 마을숲의 생태계 서비스 | 이도원·고인수·박찬열

53 두 개의 예외적인 복제체제 비교 연구: 한국 복지국가 모형의 탐색 | 김태성

54 박정희 체제의 성립과 전개 및 몰락: 국제적·국내적 계급관계의 관점 | 김수행·박승호

55 한국 서해안의 해안사구: 지형학적 관점을 중심으로 | 유근배·류호상

56 『기우제등록』과 기후의례: 기우제, 기청제, 기설제 | 최종성

57 한국어 술어의 사건 구조와 논항 구조 | 남승호

58 舊韓末의 韓獨 外交文書 '德案' 硏究 | 권오현

59 현대 한국어의 공시 형태론: 경주지역어를 실례로 | 최명옥

60 서양문화를 쓴다: 강용흘의 〈동양 서양에 가다〉와 이미륵의 〈압록강에서 이자르강까지〉 | 최윤영

61 시장발전과 경제개발 | 이승훈

62 고려국가와 집단의식 | 노명호

63 근현대 한국미술과 '동양' 개념 | 정형민

65 현대 한국복지국가의 제도적 전환 | 안상훈

66 순응과 저항을 넘어서 : 이승만과 박정희의 대미정책 | 신욱희

67 생태서식처로서 한국 서해안 해안사구 | 유근배·신영호·김대현·김성환

69 한국 정신보건서비스의 전개 과정: 사회서비스의 관점에서 | 강상경

70 일제의 한국 식민지화와 문명화(1904~1919) | 권태억

71 이즈미 세이이치와 군속인류학: 뉴기니 조사를 중심으로 | 전경수

72 조선후기 공론정치의 새로운 전개: 18, 19세기 향회, 민회를 중심으로 | 김인걸